扇 〔新版〕

性と古代信仰

吉野裕子

人文書院

二月一日山形県春日神社黒川演能の皮切りをつとめる童男の大地踏み。杉の丸太三本に白麻布一反半をつけた巨大な王祇様（扇様）は、この日の払暁、神社から頭屋に下られてたたまれたまま頭屋の柱に立てかけられていたが、この童男の大地踏み（国土を讃え跳躍して四方を踏み鎮める歌舞）の時にはじめて大きく拡げられる。それはあたかもこの扇の下から童形の神が誕生されるかのような様相を示す。

（薗部澄氏撮影）

二月二日朝、上座・下座の二つの王祇様は揃って神社に帰られる。写真はその雪道を宮上りされる王祇様。王祇様は前掲の写真のように拡げられれば扇の形となり、たたまれるとこの写真に明らかなように男性の象徴物となる。

（本文 168 頁以下参照。萩原秀三郎氏撮影）

同一画面に描かれている鷺舞とサギチョウ（京洛月次扇面流し屏風　光円寺蔵）
そのサギチョウも二種類あって、後世の所謂サギチョウの体をなしているもの（中央）と、鷺の造形らしいもの（左後方に並ぶ）とがある。

蒲葵（石垣市にて　石垣佳彦氏撮影）

はしがき

京都の祇園祭の神幸には六本の鉾《ほこ》と十三基の山が曳《ひ》かれる。この長刀《なぎなた》をはじめ函谷《かんこく》、放下《ほうか》など、六つの鉾と山二基の車の上には、揃いの浴衣を着た祭男が二人ずつ立ち、左手では上から垂れた綱をとって身体を支え、右の手には扇をもって、これを上下左右に翻《ひるが》えしては間《ま》をはかり、綱を曳く人々の音頭をとっている。

行列の去ったあとまで見物の人々の目の中に鮮やかにのこるのは、はなやかな飾りものや人形にもまして、この扇の残像ではなかろうか。

戦後、日本人の生活の中から「扇」は急速に姿を消してしまった。その理由は人の心の移り変り、生活様式の激変という二つの面からとらえられるだろう。

しかし、姿を消したとはいってもまだ私どもは先にあげたご祭礼とか、正月とか、婚礼、棟上げなど、現代の生活の中にもなおのこる折目、けじめのはしばしに、扇を見ることはできるのである。とりわけ日本芸能の世界では扇は欠くことの出来ないものになっている。扇のない能や舞踊は考えられないし、落語にしても講談にしてもそれは同じことである。

暑さを払うためだけでなく、四季を通して、少し改まった場合にはかならず携《たずさ》え持たれるべき「代《しろ》」であり、「物《もの》」であった昔とは比較にもならないが、扇はこの現代においてもなお生活および文化現象のいたるところに欠かすことのできないものとなっていすわっている。

その理由は何か。なぜ扇が日本人の生活と文化の中にこのように深く浸透したのであろうか。それはその起源に負っていると思われる。そしてその起源は扇の本質につよく附与されている性質、つまり神聖性の謎を解くことによって究められるのではないだろうか。

この本はけっして完全なものではないが、今まで解き明かされていなかった扇の起源の秘密に近づき、それを探ろうとしたある過程の記録である。同時にこの本はその途上で派生的にとらえられたと思われる古代信仰形態についての一試論でもある。

扇の起源については、不思議にいままであまり研究がなされていなかった。学者とはいえない素人の私が、改めて調べ直してみていくうちに、そこには思いもかけなかった秘密がひそんでいることに気がついた。

これは大変なことになったと思った。これをどうしても世間のみなさんに知っていただきたい、という気持が強くなった。あるいは、これは私一人にとって大変なことだと思えるのかもしれない。しかし、もし本書を読まれた方が、こういう考え方もあるのだなと、少しでも参考にしていただければ幸いである。

たまたま扇に関する神事をひたむきに追いかけていたとき、伊雑宮《いぞうのみや》で伊勢神宮の桜井勝之進禰宜にお会いし、扇に関する私の構想をお話したのが機縁となって出版のはこびとなった。あらためて桜井先生に感謝の意を表したい。

昭和四十四年十二月

著　者

目次

扇——性と古代信仰

第一章　青島から沖縄へ

青島

昭和四十三年六月二十四日、伊勢神宮の別宮《べつくう》、伊雑宮《いぞうのみや》のお田植神事を見終わると、西宮に一泊した後、二十五日朝、大阪発の飛行機で私は宮崎に向けて出発した。宮崎空港に着く直前、天気は晴れ上がり、目の下の真青な夏の海は皺の一つ一つから無数の光をはねかえしている。

青島は宮崎市の東南十三キロ、日向灘にのぞむ陸つづきの小島である。宮崎市から車で坦々としてつづく国道二二〇号線を一直線に南下すると約二〇分で青島の入口につく。

青島の名は常緑を意味するのであろうが、事実ここには熱帯、亜熱帯の植物二三〇種が季節をとわず生い茂っている。しかし青島を有名にしているのはほかでもない。樹齢三百年にも及ぶ蒲葵《びろう》の大群落なのである。

「海の中道」とでもいうような砂地を踏んで青島に着くと、だれでもまず彦火火出見尊《ひこほほでみのみこと》をまつる青島神社に参拝する。拝殿の手前を右へ折れるとすぐ蒲葵《びろう》の林になる。この林の中には木の吐く

青島の浜辺

息吹にまざって温室のような湿気と暖気がこもっている。

じつは青島は私にとってはじめてのところではない。三十数年前、学校の修学旅行で訪れた曾遊の地であった。その時、バスガイドがいろいろ説明してくれたが、そのなかで一言、ビロウを説明して、

「これは檳榔《びんろう》ではございません。ビロウでございます」

といったのが、ふしぎに忘れられない。その一言が頭の中にこびりついている。

しかしその説明をきいたのはこの林の中ではない。記憶にのこる場所はもっとひろびろとした海辺であった。

私は神社を出て右折し島の北岸に回ってみた。そうすると「鬼の洗濯板」、と俗にいわれる広大な海食岩の連なりを前にして、熱帯さながら蒲葵《びろう》の生いしげる浜辺が目の

前にひろがった。

青島へ出かけて行ったわけは、この蒲葵が扇の起源であろうと推測していたからである。なぜ蒲葵が扇の起源と推測されたのか。

蒲葵の葉

それについては後で説明するが、一口にいえば出雲の美《み》保《ほ》神社に古く伝わるお祭り、蒼柴垣《あおふしがき》神事に重用される「長形《ちょうけい》の扇《おうぎ》」が蒲葵そっくりだったからである。

美保神社と、その蒼柴垣神事と、長形の扇については、またあらためてのべるつもりであるが、美保神社はその由緒が事代主命にさかのぼり、その神事もまたいつからということもわからない古いものである。

この祭りの中心となり、ご神体同様の扱いをうける長形の扇が蒲葵そっくりなのである。

これには何か深いわけがあるに違いない。

一方沖縄において蒲葵は御嶽《うたき》の神木となっている。御嶽というのは本土の神社に相当する神の祭祀処である。

もし御嶽の神木、蒲葵を真似して扇がつくられたとしたならば、なぜそういうことをしなければならなかったのか。

神木蒲葵と扇の間にはどういう関係があるのだろう。

何にしても蒲葵をみておかなければならない。それには本土では青島である。

そう考えて青島に出かけたのである。


青島の海岸にしげる樹齢何百年という蒲葵の古木は、いずれも太い幹をこころもち傾けさせて、砂地からむっくり、むっくり立ち上がっている。

私はなつかしさに堪えられなかった。その景色は三十年前の思い出の中にあるものとまったく同じだったからである。

修学旅行の思い出は楽しい。今は大方亡くなってしまわれた引率の先生たち、まだ少女の域をぬけない制服姿の友人たちのそのころの様子がこの浜辺にたたずんでいるうちに生き生きと目の前にうかんでくる。

しかしそれと同時に私は妙なかんじに襲われた。そうして最初、何か墨《すみ》の一点のように頭にうかんだそのかんじはやがてみるみるうちにふくれ上って、私の心の中に一つの驚きとなって居坐った。

「あれ」

と私は思った。

「この木は一体何だろう」

いま目前にみる蒲葵、その蒲葵の木の幹は先に言ったようにこころもち傾きながらも直立し、下枝はない。その木の肌は妙になまなましく、見ていると何となく気恥ずかしくなってくる。

その樹皮の皺が気になるし、また何か固いような、それでいて柔らかいような、木そのものがもつ風合《ふうあい》がこれまた、口ではちょっと説明しにくい微妙なものなのである。

「この木、男の人のあれじゃないのかしら」

この新発見のようなものに半分とまどいながら私はこの島を立ち去った。これは昭和四十三年六月二十六日のことである。

那智大祭の馬扇《うまおうぎ》

長形の扇が蒲葵の葉にそっくりだ、ということは四月、美保神社の御神事で実見した。また蒲葵の幹が男根ではないか、と推測したのは六月、青島においてであった。それでこの葉と幹を、蒲葵という一語にまとめてしまえば、扇＝蒲葵＝男根、という関係が成り立つ。しかしこの三者の間柄は、私の心の中にモヤモヤとして存在する主観的なもの、つまり「似ている」というごく不安定な感覚をなかだちとして、つなげられているものに過ぎない。

しかし七月になって、今までのあいまいな三者の関係の中で、少なくとも扇と男根の二者間にやや客観性をもった新事実をつけ加えることができた。それは七月十四日の紀州、那智大社の扇祭りにおいてであった。

七月十四日の扇祭りの前日、私は熊野那智大社に篠原《しのはら》四郎宮司を訪れた。日本画をよくされる宮司は筆も立つ洒脱《しゃだつ》な方で、初対面にもかかわらず、私は一向に窮屈さをかんじなかった。

宮司の使われる書斎は、熊野灘を見はるかし、谷をへだてて向うの峯は那智の原始林で、梅雨の晴れ間には谷から雲が湧き上がる。こんなすばらしい書斎を私はいままで見たことがない。そこで

那智の扇祭（背後に見えるのが扇御輿）

ゆっくりお昼をご馳走になり、祭典の次第やその他について伺っているうちに、話が扇神《おうぎみ》輿《こし》の行列の先頭に立つ馬扇《うまおうぎ》のことになった。

　那智の扇祭りについては、これも後にくわしくかくつもりであるが、宮司のその時の話の大略は、

「馬扇というのは扇神輿の行列の先頭に立つ等身大の五本骨、紙張りの大扇であって、この扇面には今は馬の絵が画かれている」

ということだった。

　その馬の原図を見せてくださりながら、「だけどネ」と声を落して、宮司は次のことをチラリと洩らされた。

　昔はそれが「異形のもの」つまり「男根」が画かれていた、ということである。「しかし、時代が降るにつれて、そんな恰好の悪いものはお祭りに出せなくなって、馬にかえたらしい、馬は陽の

動物だから」と説明をつけ加えられた。

これはききのがされない。なんと那智の扇祭りの中で、扇と男根はまさに結びついているのである。「なぜ結びついているか」その謎をとく鍵《かぎ》が蒲葵ではなかろうか。蒲葵を使わなくてはこの謎はとけない。つまり

扇＝蒲葵の葉

男根＝蒲葵の樹幹

という私の推測からすれば、男根を画いた馬扇が先頭に立ち、扇をきらびやかに並べ立てた扇神輿がそれにつづくこの行列には、蒲葵の葉と幹がそろっていることになる。つまりこのお祭り行列は蒲葵そのものを表現しているとみられる。

そしてこの祭りは女性神、那智大社の主神、熊野夫須美命《くまのふすみのみこと》に捧げられたものであって、おそらく主神渡来の様子を再演しているものであろう。

これは蒲葵を信仰の中の一つの要素としている大昔の南の島の人々が、その奉じる神とともに伝えた祭りではなかろうか。

沖縄へ行って、蒲葵がなぜ御嶽《うたき》の神木になっているのかということと、蒲葵の神聖度とをできるかぎり、この目で見、聞いてきたい。九月になって私はとうとう沖縄に出かけていった。

沖縄へ

蒲葵《びろう》は熊野那智の扇祭りをはじめ多くの神事の謎をとく鍵、さらに一歩をすすめれば、古代日本

の信仰の謎をとく鍵となるのではなかろうか。そうして蒲葵がもし男性のそれを象徴するとすれば、その次にくる問題はそれがなぜ尊ばれなければならないか、ということになる。

日本の古代をそっくり沈めている、といわれる沖縄、そこへどうしても行かなくてはならない。羽田から那覇空港までは約二時間半、十時に発てば十二時半には着いてしまう。その間、窓の下にみえるのは青一色の海である。自分らの神々を奉じ、くり舟にのって勇敢にこの海を渡った私どもの祖先は、いったいどんな人々だったのか。今では一飛びのこの海も太古にはどれほど遠く恐ろしい海だったのか、それは測り知られないことである。

沖縄へたつ約半年ほど前の二月に、私はつづけて二晩同じ夢をみた。飛行機とも船ともつかぬものに乗って、空とも海ともつかぬものの間を早い速度で通りすぎると、その窓を青い葉がこすってゆく。ちょうど、扇の起源について考えつづけていたころである。

扇は人の手を模したものか、とも考え、人間の手と扇の関係をたどろうとした時期もあった。また民俗学で三角形が祭事その他にしきりに出てくるのが謎《なぞ》とされていることを知り、扇はその三角形と何か関係がありはしないか、などと思ったこともある。

しかし二月末のこの亜熱帯の青い葉の夢から、私はとつぜんに三十年前に青島でみた蒲葵を思い出し、記紀のなかに伝えられる天若日子《あまわかひこ》の葬儀の時に鷺《さぎ》が手にしたハハキはこの蒲葵の葉のことではなかったか、と考えた。ハハキは今日の箒《ほうき》のこととされているが古代は今日の箒のように掃くだけのものではなく、なにか呪物ではなかったか、箒と扇は同じく蒲葵を祖先とするものではなかったかと考えた。

また『美保神社の研究』（和歌森太郎著）のなかでこの神社の神事に使われる「長形の扇《ちょうけいおうぎ》」の挿絵をみたがそれが蒲葵の葉にそっくりなのに気がつき、この神事を見学に出かけて実地にみて確かめ、ハハキ・扇・蒲葵を関係づけて、これを『風俗』第七巻四号に「扇の起源に関する一考察」という小論にまとめて発表した。

この試論は今からみると不完全そのものであるが、半ば夢のなかに得た着想、つまり蒲葵を扇の起源とする考え方は今も変えてはいない。ただ先の小論とは違った筋道で蒲葵を扇の祖先と考えているだけの違いである。

いまこの海上を飛行機でゆくと、約半年前の暁方の夢のことがマザマザと思い出される。窓をこすってゆく青い葉は、この現実の飛行機の窓には見られなかったが、空と海の光りは窓の外から機内へ、漲りあふれて入ってくるように思われた。

那覇にあと十五分というころ、窓の右下に、よくまあ海に呑み込まれてしまわないものだ、と感心されるような平たい小さな島が見えてきた。小さいながら白い波にきれいに縁どられている。つづいてまた一つ、それよりもっと小さい皿のような島があって、そのつぎにまた島が見えたと思うと、それがもう沖縄本島で、間もなく空港につく、というアナウンスがある。さすが沖縄本島は先にみた小さい島々より比較にならないほど大きい。この島の上を飛行機はずっと南下して高度を下げ、一度行き過ぎるようにして西の方から空港に下りていくようである。

第一印象をはっきりさせたいのと、無精さの両方で、私はあまり予備知識をもたないで目的地に出かけてゆく。

この時も緑色を基調とした透明な浅瀬が島のまわりを取りかこみ、大洋の波がその浅瀬の外縁で砕けているありさまをみて本当に珍しい、と思った。常世の頻浪《しきなみ》よせる国とはまさにこのことか、この島にこれから降り立つのか、と感激した。透きとおった浅瀬で取りまかれている島とその浅瀬の外側に砕ける白波とを世にも美しいふしぎな眺めだと思った。

沖縄の島々が、サンゴ礁で取りかこまれていることを知らなかったのである。少なくともそのことを忘れていた。そういえば名高い宝貝もこの干瀬にこそ獲れるのではなかったか……。

冷房がきいてサラリとした機内から、ひとあし空港に下り立つと、いきなり照りつける太陽と、ムーッとして異常な湿度にアッと驚かされ、感慨もなにもすっとんでしまう。税関も通らなくてはならない。一人の出迎えも知人もいない。私は緊張した。

税関は荷物に証紙をはるだけのことだった。近づいてきたタクシーの運転手のサングラスをかけている様子がいかにももののしく人相も悪く思われたが、よくみれば人なつっこい目がなかで笑っている。ホテルまで六十五セント。沖縄には鉄道も市内電車もない。ハイビスカスの真紅の花におう垣根にかこまれた家並みをぬけ舗装道路をホテルに向かった。

沖縄の古老をたずねて

九月七日、私は琉球政府立博物館の上江洲《うえず》均氏の紹介で那覇市から車で約三十分、東海岸の知念《ちねん》村久手堅《くでけん》に住まわれる新垣《あらがき》孫一先生を訪れた。屋敷は海からの風が吹きとおす小高い丘の上にあり、広い植物園になっている。先生は八十歳の今もなお元気で、教職を引退された後の余生を畑や木木の手入れに過ごしておられる。その昔、風波のために久高島へ行くことを断念された柳田國男先生に多くの資料を提供され、また近くの斎場《さいは》御嶽《うたき》も案内された沖縄民俗学の権威者である。御嶽《うたき》とは前にもふれたように沖縄人の信仰の対象となる、日本内地の神社のようなところである。

私は自己紹介と来意を告げて、教導を願った。突然の訪問にもかかわらず先生は遠路をねぎらい、ぽつりぽつりとさまざまな沖縄の樹木のことについて話して下さった。

思いがけずこういう方にめぐりあえたことは大変な幸運だった。私のたずねたいことは相手が高齢でなければちょっと口に出せないからである。

新垣邸内植物園（新垣翁〔左〕と源武雄先生）

私は本土から持ちつづけてきた推測を打ちあけた。蒲葵が男根の象徴ではないか、ということである。

現地のことは現地の人にきくに限る。他処者には想像もつかない禁忌とか、習慣感情などから樹木をソンナことに見立てることは絶対にあり得ない、といわれるかも知れないのである。現地の人に問い質《ただ》し、肯定されないまでも否定されないのでなくては、せっかくたてた仮説でも引っ込めなければならない。

私は固唾をのんで先生の返答をまった。先生はややしばらくして、

「そうかもしれないよ」

とゆっくり答えて、うなずかれた。

しかし先生は何しろ耳も多少遠い。私の問いをなにか他の意味にとられていてはいけない。私はもう一度ゆっくりと、声を大きくしてたずねた。先生の答えは同じだった。

先生の「そうかもしれないよ」といわれた一言はいまも私の耳の底に残っている。うれしかった。ほんとうに沖縄にきてよかったと思った。これを出発点にして論を推しすすめて行けそうな気がした。

しかしこんなに簡単に同意が得られようとは思いもかけなかった。

沖縄に関する本で神木蒲葵に言及していないものはない。そしてそのどれもが蒲葵は喬木だから神の天降りの足掛りになるものだと説いて、それがもう通説になっているのである。それなのに自分が青島の浜辺で蒲葵から受けた、いわばただ「感じ」にすぎないものがこんなにスラリと土地の古老から肯定されようとは……。

蒲葵のほかに、私にはもう一つ心に引っ懸かっていることがあった。それもまた相手が新垣先生のような方でなければたずねられないことだった。

それは女性のことに関してである。

『海上の道』のなかで柳田先生が宝貝についてかいておられることは事柄が事柄だけにいいにくいせいか、意味が大変にとりにくい。あるいは間違っているかもしれないが、その要旨はつぎのようになるのではないかと思われる。

沖縄の干瀬で獲《と》れる宝貝は呪物としてその昔にはこれを貫いて珠のように巫女の首にかけられた。この貝はその形からシビ貝ともよばれる。シビはツビとか、スビでこれは本土でも古くは女性のそれを意味した。そこでこの貝は大事な呪物になったのであるが、一方この貝は中国で貨幣としてつかわれるため大量な需要があった。それで物産の乏しい沖縄の重要な輸出品となり、現地の人の手には入らなくなった。その代用として植物の薏苡《つしたま》があてられたのではないか、という説である。普通にはズズダマといわれているもので、宝貝よりはずっと小さいが、柳田先生の指摘されるように形も色もよく似ており、首飾りとして便利なことは穴が自然に開いていることである。

宝貝やその代用物が呪物として用いられるならば、その蔭にはかならず、これらのものが象徴しているもの、つまり女陰に対する畏れ、信仰に似たものがあるはずである。

私はこのことについて先生にうかがってみた。先生はその答えとして「首里の鬼の話」をされた。

首里の鬼の話

昔、首里の金城というところに人を喰う鬼がいる、といううわさが立った。その妹が、もしやと思って兄の留守に行ってみると、鍋に人肉が煮えていた。これは本当だと思い、普通の餅と鉄でつくった餅をこしらえ、出かけて行って普通の餅を鬼の前で食べてみせると同時に、陰部を出してみせた。

鬼がその下の口は何にする口か、ときくと妹は即座に、

「上の口は餅を喰う口、下の口は鬼を喰う口」

と答えた。これをきいて鬼は驚いて崖から下へころげ落ちて死んだ、という話である。これが今も十二月に各戸でつくる鬼餅《うにむち》の起源とされている。


最初、私は自分の耳を疑った。話が話だから先生は低声になられる。長く学校長をされていた先生は正確な標準語を話す方ではあるが何としても高齢である。その話は折々ききとりにくいのに、さらに声を落とされるのである。私はききまちがいかと何度もきき返した。人前で、しかも肉親の兄、男の人に見せるなどと……。まったく今までの常識からは考えもつかないことだった。しかし先生は淡々と話される。

「女のそれって、そんなにこわいものでしょうか？」

と私は問うた。

「こわいとも」

と先生は平然として答えられた。

「そこを開くことはとてもこわい」

そうして何故こわいかは説明されなかったが、私のきき間違いでなければ火事の時に、「火開《ほうはい》、火開《ほうはい》、（もしくは火排《ほうはい》、火排《ほうはい》）」といって火に向かって見せる呪《まじな》いのことを話された。東京に帰って

からよんだ本で、私は沖縄でも本土でも火事の時に女の腰巻を火に向かって振る、という禁厭《まじない》があることを知った。おそらくそれは本物の代りを腰巻がつとめたのであろう。したがって先生の話は私のきき間違いではないと思う。

そうして女性のそこの呼び方が「シビ」、「スビ」、「ヒ」、「ホ」などであることも、女性と火がふかい関係にあることも、この日、先生のお話によってたしかめることができた。古代の人の心のなかに火は女性のそこにあるという考え方がある。伊邪那美《いざなみ》命がなくなられたのもそこを火で灼かれたからであった。

そうした話から思い出されたのか先生は、斎場御嶽《さいはうたき》の裏山に巨大な岩山が二つあり、それぞれ男と女をあらわしている。名前までついていて、男の方のを「イキガ《（男）》ナーワンダ」女の方のを「イナ《（女）》グナーワンダ」という、そして、女を象《かたど》っている方、つまりイナグナーワンダの穴の中から大分前にたくさんの人骨が、織機等とともに出土したということも話された。「多分そのあたりが古代の風葬場だったのではないか」と先生は推測されている。

「明日斎場御嶽《さいはうたき》に一しょに行ってみましょう」

と先生は思いがけない提案をされた。

六月二十六日の青島での体験とともに、この日も忘れえない日になった。自分のかねての推測が古老によって否定されなかったばかりか、女性のそれにもなにか悪いものをしりぞける力があると古代には考えられていた、ということを教えられたからである。

また斎場御嶽の裏山に両性のシンボルがあり、ことに女性の方が墳墓であった、と教えていただいたことはそれからずっと後になって大きな収穫だったと悟った。その日、先生は沖縄には、人間は死んで元に帰る、帰元信仰がある、ともいわれた。イナグナーワンダは女性の胎を象徴する塚であり、そこに人骨が葬られるのは人間が出てきたところにふたたびもどるということを意味する。これもまた重大な収穫だった。しかしその日はまだそれがさして大事なこととも思わなかった。

イキガナーワンダ（男の岩）

イナグナーワンダ（女の岩）

斎場御嶽

九月八日の朝、九時に宿を出て新垣先生を再訪して、斎場御嶽を案内して頂いた。

ここで簡単に斎場御嶽《さいはうたき》の説明をしておこう。

沖縄の人は東を「アガリ」といって大変に尊ぶ。そこは太陽《テダ》の上るところ、神々のいます常世の国、ニライカナイのあるところだからである。

沖縄の国初の神、アマキミヨの天降《あまお》りの第一の聖所は久高島、それにつづく天降りの遺跡は沖縄本島の国尻の東海岸にある斎場《さいは》、知念《ちねん》、百名《ひやくな》、玉城《たまぐすく》である。

斎場御嶽は第一尚王統（一四〇六年、尚思紹《しょうししょう》即位）から第二尚王統（一四七〇―一八七九年）にもひきつがれた王家の聖所で、本土の伊勢神宮に相当する。国王は久高島の代りに斎場御嶽に幸して、久高島遙拝を行なうことを隔年の例とした。知念、百名、玉城の聖所もまた王の参拝の際の巡路となっていたから、これらの聖所を参拝することがお伊勢詣りのように「東拝み《あがりうまい》」としてひろく一般の風習として定着するようになった。

斎場御嶽の山庫理入口の大岩

一六〇九年、琉球が薩摩藩に帰伏してからは財政も逼迫し、一六七二年には国王の斎場御嶽参拝は中止されることになった。

しかし国家の最高の女神官として祭事を統率した聞得大《きこえおお》君《きみ》（国王の姉妹、後には王后）の新任式はこの斎場御嶽で

斎場御嶽の山庫理（新垣先生と著者）

ひきつづき行なわれたのである。
　斎場御嶽のなかには六ヵ所の取り分け神聖なところがあり、そこに神名がついている。

一、御前寄満《おまえよりみつ》
一、御前頂《ちょう》の鼻《はな》
一、御前大庫理《おおこうり》
一、御削シキダユルアメガヌービー
（雨の美水）
一、御前アマダユルアメガヌービー
一、御前山庫理《さんこうり》

この六ヵ所について一々いま説明することはむずかしいが、大庫理というのは一番座の意味、庫理はクラで神の座をあらわし、聞得大君就任の儀式はここで行なわれた。その際の司会者は久高島の巫女《ノロ》で、多勢の巫女が円陣をつくって、深夜十二時、大君を取りまき、あがり世のおもろを唱和して、久高のノロが大君の頸に曲玉をかけて就任のしるしとしたという。

　御嶽の一番奥は大岩が三角形をなして割れている。そこを通り抜けると神聖な空地、山庫理《さんこうり》である。山庫理は山のなかの部屋を意味すると先生はいわれる。ここに入ると右手、岩によせて「蒲葵《くば》の下大神《したおおかみ》」を祀る香炉がおいてある。戦前には岩山の上に大きな蒲葵があったそうである。三角に大きく割れた岩をくぐったところに丸く岩や石でかこまれたこの神聖な空地こそ一体何を象徴しているのか、そこには昔は蒲葵の樹があったが、今は神名となって残るだけ、木の根元だったところに香炉がおかれている。

私はこの山庫理《さんこうり》とよばれる斎場御嶽のなかでももっとも神聖とされている空地をみているうちに漠然と「ハテ」と首をかしげたが、その「ハテな」と思ったことがある形をとって「そうだ、それにちがいない」という確信になったのは先島に渡ってからである。宮古、石垣島などで古風をのこしている御嶽をみているうちに、その推定は確信となった。

それは御嶽のつくりは結局女人のそれを象《かたど》っている、ということであった。

第二章　踊りと扇

踊りのけいこ

私がはじめて舞扇を手にしたのは今から六年前、昭和三十八年春だった。

教職を退いてしばらくすると何かまとまった稽古ごとがしたくなり、半分は美容体操のつもりで踊りをならいはじめた。

西洋音楽は、それでもまだいく分かの馴染があったけれども邦楽とか、日本固有の芸能に関するものにはほとんどといっていいほど私は無縁だった。

流儀によっていくらか相違があるかもしれないが、日本舞踊の入門作法は、まず束修《そくしゅう》（入門料）が納められると、師匠からその流儀の舞扇がこの新入りの弟子に贈られる。師弟のつながりがそれでできるのである。

日々の稽古は、膝をそろえて正座し、扇を前において「お願いいたします」と師匠に挨拶することからはじまる。終わるとまた扇を前にして礼をする。舞踊の世界はまったく一本の扇に終始する、といっても過言ではない。武士でいえばさしずめ刀にも当たるのが日本舞踊の扇である。

それだけに入門してはじめて舞扇を手にしたときの感じは今も忘れられない。

手にとってみるとズシリというほどではないが掌にこたえる重たさがある。扇はあたらしいせいかすこしキシんで、ひらいたり、とじたりするには多少の力が要《い》る。舞台で舞踊家が扱う扇をみているとそれはまるで生きもののように、手の一部のようになっていて、しなやかに動き、ある時は花びらに、あるときはふりしきる雪や、のびやかな水の流れにも見立てられる。

それなのに初心の私が手にすると、扇は意外なほどに重たくかたくなで、まったく扱いにくいものになってしまう。

はじめて習ったのは端唄「梅にも春」にふりつけられた踊りだった。

〽梅にも春の色そへて
　若水汲みこむ車井戸、
音もせはしき鳥追ひや……

若水を汲む、というところでは扇は釣瓶《つるべ》になり、上の方から両手の指でクルクルとたてにまわしておろしてくるとそれが水を汲み上げる所作となる。ついで扇は水をまく柄杓となり、やがて酒の盃にも「おちょうし」にもなり、格子戸の隙間をあらわすことにもなる。

最初の曲を習っているうちに、その扱い方のむずかしさは別として、扇がこの世の種々様々のものを表現できる代物《しろもの》なのに驚いた。

一体、人がこれまで発明したもののなかで、こんなものがほかにあるだろうか。考えてみると扇が日本人の生活のなかにとけ込んでいるのは舞踊の世界ばかりではない。能、落語、講談、声色、日本の芸能は達人であれば背景も道具立てもいらない。扇さえあればことたりる。扇に芸がプラスされればそれだけでどんなものでも、情景でも、気分でも表現できるのである。

芸能だけではない。人生の折り目、けじめのはしばしに、礼法に祭事に扇は現われる。扇を手にすれば平生とはちがった世界がそこに生まれでる。

舞踊の場合でも扇を手にして身がまえれば、上手《じょうず》は上手なり、下手《へた》は下手なり、分に相応して現実世界を消滅させ、別のある約束ごとの世界をそこにとって代わらせることができる。

一方、それを見る方の側からいうと日本固有の芸能に比較的馴染のうすいものでも、日本人であるからには、扇によってつくり出されるそういう約束ごとの世界が自然にうけ入れられてしまうのである。

この世の森羅万象を抽象、具象をとわず表現し、また現世から別の世界に人をしらずしらず導き入れる扇とは一体何なのだろう。

舞踊をはじめてしばらくしてから、私はこういう感慨をもつようになった。

茶室で

そのころ別の方面からも私は扇に興味をもつことになった。

九州平戸の旧藩主で鎮信流宗家の松浦素先生にお茶を習いはじめていたが、ある日、茶室でくつろいだおりの話に先生はこういう話をされた。その話のきっかけは何だったか忘れたが、ご先代のころまでは正月には当主が、家職の人々の祝詞をうけられることになっていた。身分のいいものほど殿様に近く伺候することができたが、その境界をしめすのは三宝にのせられた扇で、その扇をのせた三宝がだんだん下座にずらされてゆく、という話であった。

これもまた私にはおもしろく思われた。昔でもさすがにあからさまにはしにくいことを、人は扇にさせて、あっさりと片づけてしまっている。そういう目にあわされている側の人も相手が扇では文句もいえず、なんとなく自然に納得せざるをえない……。

考えすぎかもしれないが、こんな人間同士の気持がこの話からうかがえるような気がして、おもしろいと思ったのである。

扇の謎

それまでの私にとって扇子といえば扇子であって、それ以外のなにものでもなかった。それは日常茶飯事が意識に上らないのと同様であろう。

しかし舞踊と茶の稽古をとおして、扇は私にとって突然それまでの扇ではなくなった。

「これは一体何なのだろう！」

けれどもこんなに「何か」であるに相違ない扇が、今まで誰からも研究されていないはずはない。もうとっくにだれかに調べ上げられているだろう。けれども万一まだ手をつけられていないものなら、私がしてみたい。そうして「いつか、いつかそのうち」と思う間に三年の月日が無為に経過していた。

いくら小規模な家の主婦であっても、何か一つのことをしようと思い立つには余程の「きっかけ」がいる。「きっかけ」がなければどんなことでもそれはそれで終わってしまうものである。その大切な「きっかけ」が思いがけずやってきた。

きっかけ

昭和四十一年の秋、ある結婚の披露宴で私は和歌森太郎先生に二十数年ぶりに邂逅した。先生は、私がその昔東京文理科大学国文科に聴講生として在籍していた頃の旧知の人である。私のことをおぼえておられるかどうかをたしかめてから、私は心にひっかかっている扇のことをすぐたずねた。

「民俗学者の方で、誰かもう調べている方、あるかしら」

「いや、まだ誰もやっていない」

この返事は私にとって大きな刺激だった。これほどのものが誰からもまだ研究されていない、という事実は誰にも向けようのない一種の焦《い》ら立たしさを私のなかにかもし出した。

「これまでに誰も手をつけていない」

ということは私にとってたいへんな利益であるはずなのに、怒りともなんとも説明のつけられないかんじに襲われたことをいまも思い出す。

それはしいていえば、日本文化のなかの、ある分野では少なくとも一方の頭《かしら》とさえ思われる扇に対する扱いとして余りにもお粗末すぎる、という義憤のようなものであった。

「それじゃ、ソレ私にやらせて」

即座に私は言った。

一つの研究の出発点において、このような気持をもったことは幸いだった。「幸い」という意味はこうである。(もちろんその時はまだこんなふうに筋道をたてて、この事柄を考えてはいなかった。今にして思えば、というわけである。)

幸いの意味

ズブの素人にとって学問というものは近より難く、深遠なものに思われる。先学に対して劣等感をもち、萎縮する傾向がある。

萎縮と思い上りとでは、どちらが初学者にとって有害かといえば萎縮の方だろう。

初学者がある研究を思い立ってそれに関係のありそうな本をよみ、資料をあさっていると、いつかはかならず先人たちの大きな業績や精緻《せいち》な研究にぶつかって唖然とする時がくる。

自分が思い立ったことはすでになにもかも整理ができ、解決がついているように思われる。はるかに後塵を拝している自分には、その上にいまさら何が一体つけ加えられるというのだろうか、という思いになやまされない人はほとんどないと思う。劣等感と萎縮、これが第一歩をくじかせる。

一方、初学者の「思い上り」などというものは問題ではない。先学の仕事の威圧に屈して大ていの「思い上り」などはふっとんでしまうものだ。何もかもとっくに解決ずみらしくみえてうんざりする。

そうして先学のしいたレールの上から外れないよう、その上を走って幸いにして何かがなしとげられたらそれでいいという消極的な考えにおちつく。

素人《しろうと》の私がひとりでいろいろとやっている間には、いまあげたもの以外にも研究意欲をさまたげられるような思いにたびたびさそいこまれた。

先学の敷いたレールはもちろん貴重である。学恩としていくら感謝しても感謝しつくされることではない。しかもなお、それにばかりたよって自分自身を萎縮させてはいけないし、既成概念にとらわれていてはならないと思う。

いく度かたじろいだ私がいつも立直れたのは扇が無視されていることへの義憤と扇そのものへの執心《しゅうしん》のせいである。こと、扇に関する限り、私は先学に対し卑屈にならないですんだ。

扇が無視されていることはそれなりのなにかワケがあるので、所詮《しょせん》自分のしていることは無意味なのかと、疑われた時期もあったが、どうしても私には扇は大事なものらしく思われた。そうして扇を大事なものとして意識に上《のぼ》せた、というだけでも意義があると思い、研究の最大の敵、劣等感から解放されていたのである。そのことは後になって気がついた。それが私のいう「幸《さいわ》い」である。

しかし、

「私にさせて」

とは言ったものの、その時私に何の成算があるわけではなかった。どこからどう手をつけたらいいのか、見当もつかなかった。けれども「それでは」と心をきめたそのことは私から去らず、扇への関心は大ゲサにいえば四六時中、私から離れないものになった。

その後、和歌森先生にふたたび逢った時、先生は、

「扇は歴史学の盲点だ」

と一言洩らされた。これは私にまた一つの大きな刺激になった。「盲点」とは大事なことが仕残され、気づかれずにいることだろう。

私の手に扇の研究が残されていたことはいま考えてもふしぎな気がする。これこそ私にとって前にいった「幸い」よりもっと大きな本当の「幸い」かも知れない。

踊りと扇

昭和四十一年も残り少ない十二月中ごろ、私は日本舞踊協会々長の田中良画伯を訪れた。八十歳をこす高齢ながら、先生はいまもなお、舞台装置や舞踊の審査など第一線で活躍され劇場から一歩も外に出られない日もあるという。いわばこの道の大先達で、いくたびか海外も回られて、日本舞踊こそ日本が世界に誇るに足る芸術であり、日本人がもっとこのことを自覚しないと、浮世絵が外国で評価されて日本で見直されたと同じことになる、という意見をもち、日本舞踊の独自性とならんで、扇の使い方もまた他国に類のないことを自身の目でたしかめてこられた方である。

先生は私の思い立ちを大いに励まして下さったが、何一つわかっていない自身をかえりみるといくら力づけていただいても、今後何が自分にできるのかと心細くて、面映《おもは》ゆい思いがした。

先生は扇の使い方をおおよそ

㈠　構《かま》え

㈡　迫力

㈢　見立て

㈣　外連《けれん》

の四通りにわけられる。

㈠の「構《かま》え」は儀礼的なもので、扇を前とか横におき、また腰にかまえることもあり、両手にもかまえる。本来「そなえ」といったものが徳川期になって、たくみに洗練され、「かまえ」になるので、以上のほかに「指《さ》す」「翳《かざ》す」「展開する」「納《おさ》める」「あおる」などの使い方がふくまれるようになり、そうした使い方によってそこに一種の感覚を出そうとするのである。

㈡の「迫力」というのは、扇を使うことで手の動きを強化する。いわば迫力をますための扇の利用である。

㈢の「見立て」は、たとえば「日の出」「月の出」「小波」「大波」「滝」「流れ」「散り花」「雨」「雪」「霞」などの自然現象から「槍」「巻紙」「短冊」「盃」「徳利」「刀」「煙管《きせる》」「蝶」「笛」「羽子板」などの「もの」を扇を使って実際の「もの」よりもっとよくそれを表現する。それが「見立て」である。

扇を「見立て」に使うことは、中国からの模倣でもなんでもなく、江戸鎖国時代に日本人が工夫したものである。

スペイン舞踊にも鳥の羽の扇が使われるが、これは「あおぐ」か、手の動きの誇張だけで、ものに見立てて、それをとおしてそのものを感じさせる、ということはなく、とりわけ、自然現象まで表現することはまったくない。こんな見事な抽象表現は世界のどこにも見当らない。

四の「外連《けれん》」は、扇の取り扱いの面白さを出すもので、「要返《かなめかえ》し」「二枚扇」などの「曲《きょく》使い」がこのなかにふくまれる。これはリズムの面白さを出そうとするものでもあって、扇をうしろ向きにヒョイと投げて遠く太宰府に飛んで行った梅をあらわすような場合も、この使い方のなかにふくまれよう。

先生はこの後なお二時間近く、歌舞伎舞踊を源流とする今日の日本舞踊は、

㈠　祝儀《しゅうぎ》もの
㈡　本行《ほんぎょう》もの
㈢　狂言《きょうげん》もの
㈣　変化《へんげ》もの
㈤　道行《みちゆき》もの

の五種類にわけられること、このなかで道行ものには扇はつかわれないが、そのほかの場合、この種類によって使われる扇もちがってくること、個々の場合における扇の扱いの実際など、くわしく話して下さったが、私の知識は乏しくて理解しにくいこともあり、扇の種類についてはあまり話が細部にわたるので、はぶくことにする。

先生のお話をうかがっているうちに、最初に自分が扇に持ったかんじが間違いでなかったことを知った。疑いもなく扇は「何か」である。ここにいたるまでの扇にはなにか由緒があるはずである。それは世界に比類のない「何か」であろう。

ウェルズ先生のこと

昭和四十二年三月、長崎での親戚の法事の帰途、私は平戸を訪れた。そこには私の旧友が、松浦先生の令弟に嫁していたからである。お互いに近況などを話しあっているうちに、扇の研究を思い立ったということをいうと、数年前にウェルズ先生が『扇』という本を出しておられるということを彼女が教えてくれた。

フローレンス・ウェルズ先生は滞日三十年にあまる親日家で、日本人のピアニスト、吉田信子女史と親友で一つ家に起居されていた。吉田先生には女子学習院の学生が大勢ピアノを習っていた。松浦夫人もその一人だったから、ウェルズ先生のことについてよく知っていたわけである。おけいこごとの先生は学校の先生よりも弟子との個人的なつながりがふかいものである。松浦夫人は吉田先生をとおしてウェルズ先生のことを私よりもはるかによく知っていた。

ウェルズ先生は津田塾大学が専門学校だった頃からの先生である。

一方、私は昭和十一年に学習院を出てから、十年以上もたって終戦後、津田塾大学に入学した。その昔女子学習院の高等科は二年で、先生になる資格がここを卒業してもとれなかった。その後つづいて東京文理科大学に通ったが、聴講生として通ったので、やはり何の資格もとれなかった。

昭和二十二年、津田塾へ志を立て直して入学した時、私は三十歳になっていた。同級生は十以上も年下だし、既婚者は私一人だった。

ウェルズ先生には津田で習っていたのである。その先生がそんな扇の研究家とは知らなかった。おそらく授業中に扇の話も出たにちがいないが、年とって再出発した私の英語はヒヤリングをもっとも不得手とし、外人の先生の講義はききのがしばかりしている。またききとっていたとしても扇への興味などなかったのだから忘れているのかもしれない。

平戸で松浦夫人と逢ったのは三月十八日の晩だった。しかもウェルズ先生は一年前の昭和四十一年の三月十七日に亡くなられていたのである。

「神様のお引き合わせ」という言葉がある。私はこの時ほどそれを実感したことはない。この遠い平戸へきて、しかも一寸したおしゃべりがもとで、外人の恩師がいまの私の最大関心ごと「扇」について一冊の本を出しておられるという話をきこうとは……。しかもほとんど一周忌にもひとしい今日という日に……。偶然の重なり合い、というにはあまりにも重なりすぎている。私の執念が先生に届いたのだろうか。そう思わずにはいられなかった。

異邦の人、しかもかつての恩師の人によって、一冊にまとまった扇の本が出版されていて、それがもしかしたら手に入《はい》るかもしれない……。

帰京すると私は津田の元学長、星野あい先生の東中野のお家へとんで行った。

目はご不自由だが記憶のたしかな先生は、それは次の部屋の書棚の二段目のうしろにあるはずだから私に自分で探せ、といわれる。

善意のかたまりの先生は私の気持を察するように、しきりにないか、ないかとせっつかれる。そのうちにとうとう奥の方から、色刷扇面ちらしの和紙をつかった和綴の豪華本を抽《ひ》き出した。それは七〇頁ばかりの本であるが、中身が英文なので普通の和書とはとじ方が反対になっている。私はこれを押しいただいて持って帰った。

この本は昭和三十八年一月一日の出版である。ちょうど、扇について私がふしぎなものだと思ったころ、出されていたことになる。

先生の扇への関心のはじまりは一九三〇年というから、それは三十三年目に一冊の本となって実《みの》ったことになる。先生の扇の蒐集は百本にも及んだが、青山で戦災にあわれたため、一本のこらずなくされたという。その蒐集は、形、機能、素材、使用上の点から、扇の発達史の中で、決定的な様相を示すものに限ったといわれているから、どんなにすぐれたものだったか、つくづくと惜しまれる。この本は日本に埋められた先生の一生の総決算でもあろうし、また失われた扇への菩提《ぼだい》のためのようなものであろう。

その序文をよむと先生の研究動機が些細な「きっかけ」によるものであることがわかって面白いし、またそれは同時に外国の人が日本のものに興味をよせる心の過程を示していて、教えられるところが多いのである。

先生ははじめて日本で教鞭をとられたころ、生徒に書かせた作文のなかに「軍扇」というのがあって、「戦場」と、優雅な紙でできたアクセサリーにすぎない「扇子」とがどうして結びつくのか、

この疑問が扇研究に自分をかりたてたということを述べ、その後に、

「ふしぎなことに日本人は自分らの扇の起源についてなにも知らないし、また行儀作法の上で必要とされる扇の使い方のしきたりについてさえも、そのよってきたる所以をほとんど知らない。これまでに集められてきた扇にかんする知識は早急に分類され、わかりやすく一定の形にかきとどめられなければならない。日本には『灯台下くらし』という諺がある。日本人より灯台の下からはるか遠くにいる異邦人による日本扇の展望は、日本扇の発明、発展、重要性の諸問題の上に新しい光を投げかけるものとして役立つかも知れない。」

と結んでおられる。

この本を訳出することが先生への報恩にもなり、自分の研究にも役立つと思って夏までかかって翻訳した。七月十七日、先生の霊前に生原稿をお供えし、また星野先生を訪れてその一節をよみあげてきいていただいた。

この仕事がこんなに手間どったのはウェルズ先生が日本人でもまったく知らないような文献をよくひいておられ、またその訓《よ》みをアルバイトの学生がときおりよみちがえていて、それがローマ字でかかれているとまったく見当もつかないことがあるからだった。

しかしそれほど先生は丹念に調べられているので、この翻訳をとおして私は扇についていろいろ知ったのである。

第三章　祭りのなかの扇

先学による扇の研究

ウェルズ先生がつかわれた資料のなかで多くを提供しているのは、京都の扇職の老舗《しにせ》、売扇庵主の宮脇新兵衛翁による大正六年刊行の『売扇庵扇譜』、それについでは、やはり三百年の伝統をほこる京都の扇折の老舗、松月堂主人の中村清兄先生著『日本の扇』である。『日本の扇』は昭和十七年の出版である。

扇は歴史学や民俗学の人々からは相手にされていなかったが、さすが扇折を家職とする旧家の主《あるじ》たちは扇への関心を捨てなかった。

『売扇庵扇譜』は、全体を九篇にわけて「扇のつくり」からはじめて「有職武家の扇」「神仏結婚の扇」「風流遊戯の扇」など、いろいろの事柄から扇のことがくわして述べられている。

『日本の扇』は、時代の流れにそって、各分野における扇の様相がのべられている。

両者とも扇に関して日本および中国の最古の文献から調べ上げられている大へんな労作であるが、

取り分け、中村清兄先生の日本の摺畳扇（すりたためる扇子）が、日本人の手になる世界的な発明品であり、それが中国をへて、西欧各地にまで拡がっていったいきさつの叙述は圧巻である。ウェルズ先生の『扇』の入手より早く、私は国立博物館の小松茂美博士から中村清兄先生に『日本の扇』の労作のあることを教えられ、そのおかげでその本の入手もできていた。

その後『売扇庵扇譜』も手にすることができ、私の手許には扇に関する最高の文献が、揃うことになった。

こうしてすぐれた先学によって、扇という文字のあらわれる最古の文献とか、扇の形状、種類、そのあつかわれ方などについては私からみるとほとんど完璧に近く調べ上げられているということがはっきりした。

扇についてなにも知らなかった私にとって、これらの本の内容が既に行きついているところはまさに驚異であった。先学の仕事を有がたく思うと同時に、気を挫かれてしまっていた。

我が道をゆく

しかしこれらの本に共通する点が二つある。それは扇と神事の関係と、扇の起源についてあまりふれられていないということである。

扇の起源については結局不明とされており、神事における扇の取り扱いはいたってどれも簡単である。

それは結局どの本も比較的、扇の風俗的な使われ方とか、形状についての関心が主流をなしていて、扇の内面にひそめられている神聖性についてはあまり考慮が払われていないせいだろう。

扇と神事の間にはなにか深いつながりがあるように思われる。その関係を調べることで扇の起源はさぐり出せないものか。

また起源が不明では扇の本当のところは、つかめないのではないか。

扇と神事の関係と扇の起源をさぐることが自分にのこされた研究分野ではなかろうか。

私はやっとこういう結論にたどりつき、自分の道を見出した思いで息をついた。

神事とはいいかえればお祭りである。お祭りを一番よく取り扱っているのは民俗学らしいと私は思った。

昭和四十二年七月二十四日から二十九日までの六日間、東京教育大学で一般人のために民俗学の講座がひらかれることを私は新聞で知った。この機会は逃されない。

朝九時から夕方四時まで、昼休み一時間をのぞいて、ぎっしりつまった講義をきくのは暑いさなかにすくなからずこたえたが、社会人ばかり、いわば大人の集りは気易くて楽しかった。集中的の講義によって民俗学という学問の一応の展望が受講者にできるような仕組になっている。この六日間は、私にとって、民俗学の系統的な講義をきいた最初であり、そうしてあるいはまた最後かもしれない。

この講習で行き足がついたので、八月は国会図書館にこもることにした。

夏休み中は利用者が多いのか、九時半の開館前から入口付近は大そうな列である。しかし入館してしまえば冷房がきいて広々とした館内はまさに天国で、本が好きな人間にとって東京中にこんな結構なところはほかにない。

私は時間のゆるす限りここにとじこもって乱読した。それは文字通り乱読だった。その無茶苦茶さは次のようなことからもうかがえよう。昔のことを知らないからと、まずカードを繰って、「古代」という名を冠してある本を片はしから写しておいて借り出す。たとえば「古代日本の交通」「古代日本の民俗と生活」というふうに。

しかし有がたいことにそんな無茶をやっていてもいつか巻末の引用資料の索引からいろいろの本を知るようになる。なんとなしになにかがいつかは判ってくるものである。

私は先学たちの研究の広大なひろがりに気おくれしながら、自分の狭い間口、「扇の神事」と、「扇の起源」の探究に辛うじて取りすがり、それに少しでも関連のありそうなことは書きぬくことにした。

私はだんだん扇に深い関係をもつお祭りがいつどこの神社でとり行なわれるか、また説明のつきにくい風俗——それは扇に関係するものもしないものもふくめて——が日本中にたくさんあることを知った。

生活と研究

秋は用事の多い時である。図書館にばかりこもってもいられなくなった。けれどもその用事のなかには大阪にいる人の仲人をするために、そちらの方に行く場合もあり、それがまた思いがけなく研究の手助けになってくれることもあった。

大阪から厳島まで足をのばして、神社に所蔵される平家奉納という国宝「葦手《あしで》絵檜扇」同じく国宝の「安徳天皇御料の小形檜扇」「高倉天皇御寄進扇」を拝見したのも、京都大学所蔵の「土御門内裏上棟次第書入白檜扇」を見学したのも四十二年秋のことだった。

またこんなこともある。

所かわれば品かわる、という言葉のとおり関西では東京にくらべてまだ扇が生きて使われている。それを私は体験した。

東京では新郎新婦を中心に媒酌、親戚一同で写真をとる時、扇を手にするのは花嫁だけである。仲人、その他は帯の間にはさみ込んでしまっている。ところが大阪はちがう。

写真師が仲人をはじめ前列に並ぶ女性には花嫁同様、扇を手にもつことを要求する。男でも和服の場合はもちろんそうするように指図される。また指図されるまでもなく皆ちゃんと手にして一種の「かまえ」をする。注意されるのは私くらいのものだった。

一度そういう目にあってから、これはおもしろいと思って、ことさら最後まで帯にはさんだままにしているとかならず注意される。こんなことが二度ほどあった。

さらに古風をのこしている土地では、扇は両の掌の中につき立てるようにして持たれる。それが正統な扇のもち方と思う。そのことはまたあらためて述べよう。

一つことに夢中になっていると実生活のなかでも思いがけない勉強をさせてもらうことがある。ありがたい、とはこういうことだろうか。

何かを思い立った時、できればはじめのうち思い切ってそのことに集中した方が結局早道かと思われる。扇のふしぎさを気づかせてくれた舞踊やお茶だったが、私の生活は今や手一杯で時間も体力もなくなってきた。

いつかはまたかならずもどってくることにして、数年来つづけてきた稽古ごとを私は一応四十二年秋にやめたのである。

神事を追って

昭和四十三年は私にとって多忙な年だった。扇にふかい関係をもつ神事がどこでいつ執り行なわれるかだんだんわかってきたので、その神事を追って歩いていたからである。

その神事と、私が訪れた神社は大体次の通りである（昭和四十三年二月——昭和四十四年七月）。

昭和四十三年

二月一・二日　山形県櫛引町春日神社王祇祭《おうぎさい》（黒川能）

四月六・七日　出雲美保神社蒼柴垣《あおふしがき》神事

五月十五日　京都賀茂葵祭

五月十九日—二十四日　出雲古社巡り（熊野・須佐・須賀・神魂・八重垣・佐太・揖屋《いや》・美保・出雲大社）

六月十七日　奈良率川《いさかわ》神社百合祭

六月二十四日　伊勢伊雑宮《いぞうのみや》御田植神事

六月二十六―二十九日　九州宮崎青島、鵜戸神宮・西都原古墳《さいとばるこふん》・都万《つま》神社歴訪

七月十四日　熊野那智大社扇祭・火祭

七月十五日　紀州古坐《こざ》御舟祭

七月十七日　京都祇園祭

九月四日―十八日　沖縄本島及び宮古島・石垣島

十月二日　紀州花窟《はなのいわや》神社例大祭

十月三日―四日　熊野那智大社・本宮《ほんぐう》・神倉・阿須賀《あすか》・伊勢滝原《たきはら》宮

十月十五日・六日　紀州速玉大社例大祭・御船祭

十一月二十五日　出雲佐太神社からさで神事（お忌《い》み祭）

十二月三日　出雲美保神社諸手船《もろたふね》神事

昭和四十四年

一月一日―四日　九州宮崎・鹿児島地方巡遊

三月十二日　奈良東大寺お水取り

三月十三日　春日神社春日祭（申《さる》祭）

三月二十九日―四月八日　沖縄再訪本島及び先島

五月六日―十一日　出雲式内社歴訪（扇の神紋をもつ神社を主として）

七月二十一日―三十日　三度び沖縄・宮古・八重山行豊年祭見学

昭和四十三年二月の黒川の王祇祭は私のこの祭見学旅行の最初だった。雪にスッポリと埋もれた山村で柱の王祇様を前に夜を徹しての演能も、またその暁方、祭装束の子供たちにはやされながら提灯持にまもられて山の社から頭屋へと雪道を下《くだ》られる王祇（扇）様を迎えた気持も村人の篤い人情とともに忘れられない。

四十三年は気候が順調だったのか、雨の多いという出雲に四回出かけたのに雨に一度もあわなかった。五月の出雲路の美しさは行った人でなければわからないだろう。

自然ばかりではない。この一年間の旅行をとおして一生の友となり師と仰ぐような方にもいくたりかめぐりあうことができた。

お祭りのあとのお直会《なおらい》は、参詣者や氏子が多いためにテントをはって盛大にされるお社もあるし、祭にたずさわった神職ばかりで内輪にひっそりと催される神社もある。

お祭りはおわったあとが大切なような気がする。長い忌みこもりと祭事をおえて肩の荷を下ろされた宮司、神職にまじってわけはわからぬながら一しょになってご馳走にあずかるのは楽しいものだ。幼稚な、しつっこい質問にも笑顔をふりむけて誰もいやな顔はされない。

沖縄のことはとてもこの短い文にはかきつくせない。沖縄の民俗学者、古老の方々の親切は何といっていいか、一目逢っただけで十年の知己のようになってしまう。はじめて行った時の心細さといったらなかったが、行って一日の中に沖縄にもう、ながくいるような気になった。

研究には偶然が大きく物を言う場合があるという。私もこれを体験した。四十三年の四月、ストーブにあたりながら古語辞典をパラパラとめくっているうちに、まったく何ということなしに「百子帳」という見なれない言葉にぶっかった。読んでおどろいた。日本の天皇の大嘗祭にこの蒲葵《びろう》の葉がつかわれるのである。

最大の祭だった践祚大嘗祭に蒲葵がつかわれるという資料は檳榔毛の車などの比ではない。本土における蒲葵の資料としてこれほどのものがあろうか。四十三年中の一番の収穫はこの偶然からもたらされたことかもしれない。

今になって考えると私にとってはあらゆる人、もの、ことが先生だった。特定の師をもたないことは心細くさびしいがそのかわり自由がある。

研究はその分野によって様相を異にするものであろうが、私の場合はものをきいてそれに答えてくれる人が誰でも先生なのである。

沖縄の宮古島で芋畑に働いているおばあさんにしかぷや御嶽への道をきいたことがある。東京からきたという言葉にびっくりしておばあさんは立ってきて親切に教えてくれた。その時私はおばあさんの手の甲に今では珍しい「針突《はづき》」（刺青）のあるのを見た。私がそれに気がついたと知るとおばあさんはその手をかくすようにした。ひっこめようとするその手を、宝物のように大切に私は自分の掌にとらせてもらった。

「おばあさん、これ、痛かったでしょう」

というとおばあさんのかわいいつぶらな目がみるみる涙で一ぱいになった。

そうして明治三十七年、おばあさんが七歳の時に警察がうるさくなるというので、いそいでされたこと、とても痛くて泣いたこと、そのあとひどく手がはれ上ってしまったこと、でもハズキをしていない女は死後、後生《ごしょう》で竹の根を掘らされる、それは辛い辛いことだとお母さんからいいきかされて友達も皆したことをやさしい声音で話してくれた。

日に焼け、土と皺にまみれた手の甲に本でみていた通り、十字模様を主としたわけのわからない模様がほられている。

警察をおそれること、それはその昔は大へんなものだったろう。その目をおそれてまで幼い娘にそれをさせずにはいられなかった若い母の心は、娘よりもっと辛かったにちがいない。

民俗学とはすぎ去った世の人の心をたどる学問であろう。わずかな時間に多くのことを教えてくれたおばあさんのことはいつまでも忘れられない。

なおこの時、御嶽の方向が知りたくて私は空を仰いで「お日様はどこかしら」とつぶやいた。雲の厚い日で太陽の所在がちょっとわからない朝であった。おばあさんは、

「ああ、ティダ?」と私にいった。

太陽は南島ではテダという、と本に書かれている。その発音は宮古では teda というより tida であった。本土にはない「ti」という発音である。このおばあさんのおかげで本からだけの自分の知識に厚味がついた思いがした。またおばあさんのいった「ああ、ティダ?」といった言葉のやさしさのなかに、太陽に対する思いもうかがわれるように思った。あの「ティダ」といったおばあさんの声が今でもきこえるような気がする。

第四章　扇の起源をさぐる

蒲葵と私

前節に述べたように扇の調べを思い立ってしばらくすると私は扇折《おうぎおり》を伝統の家職とされる先達によって扇の研究はすでに高い水準に達していることを知った。のこされている分野はその起源である。そこをするほかはない。

そこで私は扇の起源についてそれが人の手を模倣するものではないかと考えた。扇は何としても人の手の形に似ている。踊りに扇をつかう時、手の動きをそれによって強調する場合も大へん多い。扇は手の形そのままに三角形だからよいので、これがほかの形だったら無限に伸びる力はとても表現できない、ということを書いている方もある。扇の五本骨も指の数にならっているのではなかろうか。十本骨はそれを倍加したに過ぎない。

博物館で三昧耶形《さんまやぎょう》といって仏、菩薩の本誓を具象化した器物、宝珠や蛇の鋳造品のなかに印契《いんけい》を象《かたど》った両手をみた時はうれしかった。それは手によって結ばれた「印《いん》」の表現が本来の目的であるにしても、人の手がとにかく意識に上《のぼ》せられて鋳造されているのである。扇もきっとこんな人の手に対する何らかの意識から人の手が紙や竹で模倣されたものなのではないか、と思ってひとりでうれしがった。それが扇祭の行なわれる那智出土というのも一そう意味がありそうに思われた。

機械のなかった昔、ものを作り出すことは人の手にたよるほかはなかった。手に対する人々の信仰にも似た思い。それはその模造物をつくり出す基盤とはならないだろうか。

手と扇の関係をしきりに考えているうちに、『古事記』の天若日子の葬儀にぶつかった。ここに出てくるハハキは箒の字が宛てられ、今日の掃除の箒《ほうき》が考えられているようである。しかし大事な葬儀に今日の掃除につかうような箒を持つ役目を特別にこしらえるだろうか。人の死んだところには蚊や蠅や悪い虫も集まるだろう。手の代わりをしてそうしたものをはらう何か大きな植物の葉、しなやかでつよく持ってふりまわすようなそんな葉。それがハハキというものではあるまいか。

天若日子の葬儀の時のハハキ持は鷺。ひすいという鳥は嘴《くちばし》が大きく魚をとってたべる水辺の鳥であるが、この鳥が御食人《みけびと》。河雁がキサリ持となり、ここに出てくる五種の鳥のなかで三種が水鳥である。これはきっと水辺の話にちがいない。ハハキは水辺の木ではないだろうかと思っていると、ある暁方の夢に蒲葵らしい木の葉が出てきた。

それから蒲葵と私とのつきあいがはじまった。

天若日子の葬儀では野暮な雀を臼女に、よく啼く雉を泣女に、大きな嘴をしたひすい（かわせみ）を御食人に仕立てた連想好きの古代人である。鷺が羽をひろげたところは蒲葵の葉そっくりだから、鷺と蒲葵を結びつけて考えているにちがいないと思ったのである。そうして鷺と蒲葵と扇は連想を媒《なかだち》とした時、一直線上にならべられると考えた。

一方、『万葉集』二〇に「初春の初子の今日の玉箒《たまばはき》、手にとるからにゆらぐ玉《たま》の緒《を》」という歌もあり、正倉院御物には今日の箒《ほうき》とそっくりの形をしていてガラスの小玉が一杯とりつけられ、蒔絵の立派なワクに立てかけられた箒もあって、箒も実はなかなかの代物《しろもの》である。何か神聖性を付与されている。

しかもなお『古事記』に出てくるハハキは蒲葵のように思われ、ハハキと蒲葵と扇を結びつけて一つの試論として学会誌に発表したのである。これは四十三年四月のことであった。

「箒と蒲葵と扇」の関係はいつか考えなおすこととして、例の青島以来、前とは異なった筋道で蒲葵を扇の起源と考えるようになった。蒲葵と扇を関係づけることは結局この本の全編にわたってなされなければならないが、この章ではまず昔からの扇の起源説を紹介しそれに自分の考えをつけ加えて、その後で今日に残る古代の扇から蒲葵を扇の起源と推論すること、この二つをこの章の目標としたい。

扇の起源についての諸説

扇の起源については昔からいろいろな説がある。たとえば『琉球国由来記』巻三の扇の項をみるとこんな風にかいてある。

当国自《ハ》二神代《ヨリ》一檳榔扇、制《トシテ》用《フル》レ之《ヲ》歟《カ》。

中華女媧氏造レ扇。又舜作二五明扇一。又事物起源云。呉人、鳶鳥翼ニテ扇ヲ作ル。周昭王時、鵲翅ヲトリ、扇トス。是始也。

日本ハ、蝙蝠ヲミテ、作ルト云リ。

この記事は扇の起源について昔からいろいろな説がある、ということを提示し、それから沖縄では神代の昔から檳榔扇、つまり蒲葵扇が風習として用いられているから、扇の起源はたぶんこの蒲葵だろうと推定している。

これらのなかで鎌倉室町時代以降、日本で一番信じられたのは、舜が五明扇をつくったということで、それは五明という言葉が五本骨の紙の扇子の別名となっていることからも推しはかられる。五明扇について六朝の崔豹が著した『古今注』によると、

五明扇、舜所レ作也。既受堯禅、広開視聴、求賢人以自輔、故作二五明扇一焉。秦漢公卿士大夫皆得レ用レ之。魏晋非二乗輿一不レ得レ用。

とあってこれでみると五明は扇ではなくさしはである。そうしてまた中村清兄氏の指摘される通り、舜が政治をしてゆくのに四方に賢人を求めたことと、五明の扇がつくられたこととがどうして結びつくのか、はっきりしない。それでこれはなんでもその由来を中国にもとめたい人々がいつのころからか使い出した言葉で、何もそこにはっきりした根拠があるわけではない。

次は紙の扇子の別名にもなっている「かわほり」。『由来記』に「日本ハ、蝙蝠ヲミテ作ルト云リ」と書いてあるが、それは話が逆で紙の扇子の形がこうもりの羽をひろげた様子に似ているので扇子の起源をそれに結びつけていろいろの話がつくり出されたのであろう。

『和漢三才図絵』には、

按扇。或書云。神功皇后三韓征伐之時。見㆓蝙蝠羽㆒始作㆑扇。

といい、西村義忠の『扇之記』には、

神功皇后三韓をしたがへ給ひしころ、武内宿禰の筑紫の博多の湊にて扇を作り奉給ふといふことも聞きつたへ侍り候へども本説たしかならざれば証拠ともしがたし。

とあり、また、

むかし天智天皇の御代に丹波の国佐伯の郡に宿禰の豊丸といふ隠士有り、常に山沢に行て笙をふきて遊べり、鳥類畜類この音によりてきけりとなん。あるとき千としをへし白きこうもりのかたちをみて末広の扇をつくりて奉りし事とかや。帝御かんのあまり豊丸を高官になし給へども官を辞して仙郷に入しとなん。豊丸の子に佐伯の郡を給はり父がたくみをそのままに佐伯の中将末広と名づけましますとなん。物にあやかると申して目出度きことを思ふなり。

とみえている。『壒嚢抄《あいのうしよう》』巻五には

当時扇ハ日本ニテ造始也。見㆓蝙蝠㆒作ルト云フ。故ニ其形蝙蝠羽ニ似タル也。爰ヲ以テ源氏ニハカハホリト云ナリ。

とみえている。

「五明」といい、「かわほり」といい、両方とも紙の扇子の異名となっているので少なくとも明治のころまでは、こういった古文献のなかに散見されることが扇の起源として信じられていたのであろう。『売扇庵扇譜《ばいせんあんせんぷ》』の著者宮脇新兵衛翁もこれらの説を引用した後に、「とにかく蝙蝠の羽をみて作りしといふはさもあるべし」といって、起源譚の真偽はとにかくとして扇のおこりはやはりその辺のところにありそうだと半ばこれらの説を肯定している。

それでは扇の起源について、今日では大体どのように考えられているのであろうか。

昭和三十六年六月、大阪市立博物館で開催された扇展の目録には、「扇の生いたち」として扇の起源が推測されている。それを要約すると、

「扇は一〇世紀の初めころから人の手にされたが、その起源はわからない。扇の祖は笏《こつ》・簡《かん》・射干《うばたま》（植物、一名檜扇《ひおうぎ》または烏扇《からすおうぎ》）の混合かと思われる。笏《こつ》は奈良朝の初めから朝廷での持物として規定された。簡《かん》はものを書きつける木のふだ、射干《うばたま》は祭事に使われるもの。

涼をとるためのものとしては古く団扇（うちわ）があり、扇は涼をとるためには使われなかった。扇には儀式の時の持物、経典、歌などをかきつけるもの、祭事につかわれるもの、という三つの性質がみられるがその三つはそれぞれ笏、簡、射干の三者からうけつがれたものであろう」

といっている。

『世界大百科事典』（平凡社）をみると、

扇《おうぎ》＝扇子《せんす》ともいう。扇ははじめ涼をとるためのものであったが、のちには威儀にも用いられた。現在いわれている扇とはいわゆる折りたたみのできる形のものであるが、もとは団扇《うちわ》形式のものから生じた。その過程ははじめヒノキの薄片をつづりあわせた檜扇《ひおうぎ》ができ、その後に紙扇ができたと考えられている。そしてこの二種類の扇が、形式と用途の二大主流をなして今日に至った。

と説明している。

扇は多くの神事に主役を演じ、朝廷の儀式に必須の具であり、少なくとも戦前までは日本人の冠婚葬祭に欠くことのできないものであった。扇を考えるときにもっとも注意すべき点は扇に付与されている神聖性である。扇にみられる一貫した特徴はものを祓う力をすぐれてもっていることである。その扇のもつ神聖性、悪霊、邪気を祓う力がどこから生じたかについて、大阪の扇展の目録の所見にしても、『百科事典』の解説にしてもあまり説明されていない。

辞典の解説は扇ははじめ涼をとるためのものが、のちには威儀にも用いられた、というだけで、神聖性のことには何もふれていない。扇展の目録の所見は扇の性質はその出自による、といっているが、その出自の第一にあげられている笏や木簡が神聖性に乏しいので、必然的に扇に付与されている本質的特徴はほとんど見落されている。ためしに「笏」を『広辞苑』でひいてみると、

笏《こつ》＝束帯の時、右手にもつ具。また時に衣冠・直衣着用の時にも用いる。もと君前で備忘の為に、用事をかきしるした紙片を裏面に貼って用い、後容儀を整え、敬意を表す具となった。

とあり、笏に神聖性はみられないのである。次に起源の一つと考えられている「簡《かん》」は昔、中国で紙が発明される前に、文字を記すのに用いた竹のふだであり、木簡はそれを木でつくったものである。この木簡にもやはり神聖性はみとめられない。

最後にあげられた植物の射干《うばたま》は前二者と多少様子がちがっている。扇展の目録の著者はこの射干について、

日本には古くから「みそぎ」や「はらい」を行なう風習があった。これは一つは身のけがれをはらうためともう一つは悪いものを追い出すことによって良いものを迎え入れるという考え方に

もとづいたものである。さて「みそぎ」はきれいな水で体をきよめることによって行なわれるが、「はらい」のためには主に植物の葉やせんいが利用された。射干も「はらい」のために使われ、そのためにヒオギ（霊招禱）と呼ばれたと解される。紙扇はこの射干の葉を、竹と紙におきかえることによって生れたものではないだろうか。紙扇が信仰と結びついて発達してきたのもその生み出すもとが祭りの中にあったためではないだろうか。

といってこの射干とよばれる植物にはじめて神聖性をみている。

もしこの植物の射干《うばたま》が日本の祭事に欠くことのできない扇の祖となるほどのものであるならば、この葉は榊や竹ほどではなくても日本国内で容易に入手できるものであるから、もう少し今日でも祭事、神事の折に使われてもよさそうなものである。私の見聞は乏しいものであるが、植物の射干が神事に用いられる例は那智の扇神輿の最下段に飾られるのを見ただけである。

以上、舜がつくったという五明扇、蝙蝠の形になぞらえて作り出されたという「かわほり」、さらに笏、木簡、植物の射干など今日まで扇の祖先ではあるまいかと推定されてきたものを一《ひと》通りみてきたのであるが、いずれも推定の根拠となるものがはっきりしない。それでは扇の起源はいったい何だろう。しかしそのことを考える前に扇の種類について一応みておく必要があろう。

扇の種類

一口に扇というが、扇はその機能、形状、材質の面からの分類が可能であり、さらに機能のなかにも実用と呪物としての扇、形状のなかでは団扇と摺畳扇、材質では紙と木片その他の種類に分けることができるのである。

㈠　機能

［A］　実用——涼をとるためのもの

［B］　呪物——悪気、けがれを祓うためのもの

㈡　形状

［C］　団扇（うちわ）——摺《す》りたためない

［D］　摺畳扇（せんす）——摺りたためる

㈢　材質

［E］　紙（絹）——紙扇子、うちわ

［F］　木片——檜扇、杉扇

［G］　その他

この分類で明らかなように、最小限度、六種の要素がさまざまのむすびつき方をして扇は複雑な様相を示すのである。

今日、暑さをはらうため普通に使われる扇子、うちわ、それから祭事・祝儀用に使われる扇子、祭事につかわれるうちわ、儀礼のための檜扇をこの分類表の記号の組合せによってあらわすと次のようになる。

㈠　暑さをはらうための扇子　［A］［D］［E］

㈡　暑さをはらうための団扇《うちわ》　［A］［C］［E］

㈢　祭事、祝儀用の扇子　［B］［D］［E］
㈣　祭事用の団扇《うちわ》　［B］［C］［E］
㈤　檜扇　［B］［D］［F］

以上のように分類したが、もし扇には何か祖先になるものがあって、それを模倣したものと考えれば、形状材質をあらわす［C］［D］［E］［F］は、模倣してつくる過程において行なわれた選択の結果であり、本質的に問題とされるべきものではない。問題は［A］と［B］つまり実用品か呪物かという機能の点であり、またこの両者の祖先が同一物か別物かということである。

論をすすめる上で便宜のために、亜熱帯の植物「蒲葵《びろう》」を扇の起源になるものとし、しかもこの［A］［B］に共通の祖と仮定してこの仮定にしたがって、そのことを証明したいと思う。

蒲葵

蒲葵は、

㈠　学名はビロウ、㈡　古倭名はあじまさ、㈢　沖縄名はクバ、㈣　漢名は蒲葵・百子（支）と五つの名を持っている。「ビロウ」というのは他の植物「檳榔子《びんろうじ》」と混合して間違われたのがいつかそのまま使われ、学名にもなってしまったので、この五者は本来同一物なのである。古倭名は「あじまさ」であるが、『古事記』『日本書紀』『延喜式』などの古典には「檳榔」として記載されている。

「蒲葵」とはどういう植物か。学術上の説明を見るために『新日本植物図鑑』と『続日本植物図誌』の記事を引用する。

ビロウ（しゅろ科）

九州・琉球・小笠原島及び台湾の暖地の島及び海岸に近い森林中に自生する常緑喬木で高さ三―十メートルに達しシュロよりも太く、直立し、枝分れせず、基部は膨大する。葉は掌状葉で長い柄は背面の丸い三角柱状であり、左右には稜がある。下半はふちに短大な刺があり下部は繊維質の葉鞘となる。葉面はシュロよりひろく白茶けた緑色で円形に近い。裂片は線形で先端が二裂し、先は尖り、垂れ下ったものが多い。葉柄の延長としての主脈は葉身の中央に達している。春に葉腋から舟形の大きな包葉を伴い、やせた花序を横に出し、黄白色の細い花をひらく。雌雄異株で花にがく片、花弁が各々三個、雄花には六雄しべ雌花には一雌しべがあり、花後、楕円形で直径一・五センチ位の果実を結び、はじめ緑色で後青磁色になる。「日本名」ビロウは別の種類、檳榔《ビンロウ》の発音がうつったものであろう。古くはアジマサといった。「漢名」蒲葵。（牧野新日本植物図鑑）

ビロウ

琉球・台湾並に四国九州の離島の海浜に生ずる常緑木にして往々群落をなす。葉幹は円柱形、微なる環節あり、直立二、三丈、径尺余にも達す。幹頭には強壮なる長柄を展べて濶大なる扇状葉を翳《かざ》す。葉柄の長さ三・四尺、鋭き逆棘を列生す。葉身は径三・四尺、脈にそふて褶稜あり、中辺より細裂し裂片は更に二裂し細く延びて垂下す。薄革質にして強靱、鮮緑色滑沢、葉柄の基部は褐色繊維状をなして幹をつつむ。暖地にてはは庭園街路に栽ゆ。

（続日本植物図誌）

以上が図鑑の説明であるが、たいていの無味乾燥な説明とちがって、ことに後の方の『続日本植物図誌』の説明はビロウを活写している。ビロウの特徴は、

㈠　九州以南の離島に多く自生すること
㈡　幹は直立、分枝なく円柱形で微かな環節があること
㈢　葉は掌状、革質で艶があり、葉柄は強靱であること
㈣　繊維質で乾燥すればいろいろの物が拵《こしら》えられること

などである。

このビロウを扇の祖先と考える理由は次のようなことである。

㈠　沖縄ではビロウは御嶽《うたき》（日本の神社の祖型と考えられる神霊祭祀の場所）の神木とされている。したがってビロウの生《なま》の葉は威力がもっとも強く、「祓い」につかわれる。重要な祭儀には不可欠である。
㈡　ビロウの葉を乾燥して形をととのえ、蒲葵扇《くばせん》という団扇がつくられる。
㈢　ビロウは日本本土にも早くもたらされ、『古事記』、『日本書紀』、『延喜式』、『和名抄』などの古文献のなかに散見する。
㈣　殊に檳榔扇の名は実用扇として『続日本紀』のなかに見える。
㈤　日本の最重要の祭、践祚大嘗祭にビロウが用いられている。
㈥　平城宮趾からビロウの葉をそっくり模したと思われる檜扇が出土している。
㈦　出雲美保大社の蒼柴垣《あおふしがき》神事は古く伝わる祭事であるが、この祭の重要な祭具、「長形の扇」

はまったくビロウの葉を象っているものと思われる。

以上ビロウが実用扇、呪物扇の両者の祖であると見る理由である。

蒲葵の模擬物、扇の出現

沖縄ほどではないが、湿度が高く、むし暑い日本で暑気をはらうための具はなんとしても必要であった。暑気払いの料としてビロウの葉を晒《さら》し、乾燥させてこしらえた檳榔扇は朝廷の貴族の間には早くから使われていた。その史書に見える最初は、『続日本紀』天平宝字六年（七六二）八月の条に、

御史大夫文室真人浄三、以《って》二年老《い》力衰《へるを》一 優詔《して》 特《に》聴《ゆるす》二 宮中《にて》 持《ち》レ扇《を》策《つくを》一レ杖《つゑを》

と見えているものである。次は宝亀八年（七七七）五月の条に、渤海使史都蒙《しとも》らの帰国に際し、絹・糸・綿・黄金・水銀・水晶の念珠などにそえて、檳榔扇十枚が贈遣されていることが見えているが、これは炎熱下の航海に、平安と涼気をおくることを意図されたものであろう。なお、これよりも古く、天武天皇の皇子、忍壁親王（　―七五〇）に奉られた、「とこしへに夏冬ゆけや裘《かはごろも》、扇はなたず山に住む人」という歌がある。これは『万葉集』のなかで扇が詠まれているただ一つの短歌であるが、以上の三例中、檳榔扇と明示されているのは史都蒙《しとも》に贈られた扇の場合だけである。しかし他の扇も檳榔扇であったろう。老齢のゆえに宮中で杖をつき扇を持つことをゆるされたというのは容儀、威儀のための扇であるはずはなく、暑気払いの扇であり、それも賜扇であれば貴重な檳榔扇であったに違いない。山に住む人、つまり仙人とたたえられた親王が手にされた夏の扇もまた

檳榔扇だったと思われる。

しかしビロウは遠い南の島に育つ樹であり、しかも神木とされていたから無闇に伐採することができず、しだいに増してくる需要をみたすわけにいかなかった。檳榔扇は貴重品で高位の人々のためのものであったに違いない。そこで檳榔扇にかわるものが当然つくり出されなければならなかった。けれどもここで注意しなければならないことは、檳榔扇のような摺《す》りたためない形の扇、つまり今日のウチワの形をしたものが当時このほかにもあったということである。

天平勝宝八年六月、正倉院に納められた尺八に刻面されている「婦女嬉遊図」には数人の官女が野遊しているさまが画かれているが、そのうちの一人が手にしているのは明らかに団扇である。柄からつづいた一本の条《すじ》が、はっきりとウチワの中心を通っていて、それはたしかに中国の翳《さしは》、または団扇のつくりである。この図は中国の図柄を模したものかもしれないが、当時すでにおびただしい物品、調度が舶載されてきているから大陸の翳、または団扇も輸入されて国内にあったとしても少しもふしぎではない。

大陸における団扇の起源は古く、周時代ともいわれ、漢時代には班固の「竹扇詩」をはじめ、ウチワが詩につくられていて、『晋書』には王羲之が六角扇に字をかいたことがみえている。八角の団扇もあって、摺《す》りたためる扇の出現だけは、北宋の神宗の時代、日本からの輸入をまたなければならなかったが、ウチワの種類は豊富であった。

なお晩唐の詩人、李商陰（八一二—八五八）の詩に「何人書破蒲葵扇　記著南塘種樹時」というのがあり、また李嘉祐に「南風不レ用蒲葵扇　沙帽閑眠対二水鷗一」という詩があってともに檳榔扇のことが詠まれている。李商陰の生年、八一二年は渤海使、史都蒙《しとも》に檳榔扇が贈遣された年、七七七年から数えれば、わずか三十五年後である。ほぼ同じころ、大陸でも日本でも檳榔扇が特殊の階層の人にもてはやされていた。ビロウは華南に自生する。その扇はそこから唐の都をへて、高麗から日本に渡来したのか、または南海の島から九州を経て、大和に入ったのか、檳榔扇の足どりはどうだったのだろう。渡来の足どりとともに、日本国内における暑気をはらう実用扇としての檳榔扇の足どりもまた不明である。七七七年から一五七年後の九三四年（承平四）、源順によって撰された『和名抄』の蒲葵扇（檳榔扇）の項には、

蒲葵扇　晋書云蒲葵扇今案蒲葵者或木別名也今称蒲葵扇者以蒲作之

とみえていて、檳榔扇のことがもう何か曖昧《あいまい》になっている。しかしこの『和名抄』では扇には阿布岐、団扇には宇知波、と訓読がついていてこのころにはアフギとウチワの区別、つまり摺りたたむことのできる扇と摺りたためない団扇の区別ができていたと推測される。

この『和名抄』のなかに「蒲扇」という名称が見えているが、当時蒲葵扇に刺激されたものか、あるいは古代からあったものか、とにかく植物の繊維で団扇をつくることがあったらしい。『和名抄』とほぼ同時代に選定された『延喜式』にも巻四、伊勢大神宮の装束料として紫扇、菅扇の名が見えている。しかしこれは同じ書の巻五、斎宮式にある紫翳、菅翳と同一物であろう。伊勢神宮神宝として現存するものも翳《さしは》である。翳《さしは》というのは長い柄をつけ、貴人の顔をさしかくす料につかわれたものでここに紫扇（翳）といわれているのは紫の羅を張った翳、菅扇（翳）というのは菅を丸く編んだものをさしていっているのである。しかし翳も柄を短くすれば団扇になるものであるから、

おそらく蒲とか菅とかを使って団扇もつくられたと推測される。以上述べたことにもとづき、団扇に関係ありと推定される年代を年表のなかからひろってみると次のようになる。

西暦	年号		
五九三		推古天皇即位	
六一〇		高麗僧曇徴来朝	日本にはじめて紙すきが伝来した
六二一		聖徳太子薨	伝聖徳太子所持軍配扇、玳瑁団扇（京都広隆寺蔵）
七五〇		忍壁親王薨	万葉集中唯一の扇の言葉の見える歌は親王に捧げられている
七五六	天平勝宝七年	正倉院に刻画尺八が納められる	尺八刻画の宮女、団扇を手にする
七六二	天平宝字六年	続日本紀	老齢の故に文室真人浄三に宮中にて扇と杖をもつことをゆるす
七七七	宝亀七年	史都蒙帰任	光仁天皇渤海使史都蒙に檳榔扇十枚を贈遣
九二七	延長五年	延喜式撰進	巻四・巻五に菅扇（翳）の名称が出ている
九三四	承平四年	源順和名抄撰	阿布岐と宇知波の別、蒲葵扇、蒲扇の名称がのっている

この表からきわめて大まかな推測をしてみると次のようになる。

七—九世紀にかけて日本国内には大陸や南の島から伝来の種々の団扇が存在した。つまり中国の団扇と南方の檳榔扇である。これらの団扇はその機能もつくりもまったくちがっていた。まず中国の団扇は塗った竹や象牙などでしっかりした框《わく》をこしらえ、その框《わく》のなかに柄を貫通させて、絹や紙、あるいは皮などを張ったものである。それは暑気をはらうためというよりむしろ服装に付随したアクセサリーで、「刻画尺八」にみられる官女の手にした団扇も、聖徳太子御料と伝えられる団扇も、威儀とか格好のよさのためにつかわれたものであろう。

それに反して南方の檳榔扇は手にもって軽く、耐久性もあり、暑気払いの具としてむし暑い日本ではまことに有用だった。けれども欠点は供給の少ない貴重品ということである。

一方「紙」は推古天皇の十八年（六一〇）高麗僧曇徴によって製法が伝えられてから（実際には出雲地方にそれよりずっと以前に伝えられていたかもしれないが）、急速な進歩をとげていた。正倉院の古文書には大宝二年（七〇二）から天平宝字四年（七六〇）の六十年間に一八〇種の紙の名が出ている。八世紀後半にはわが国の紙工業は世界に類のない高水準に達していたのである。

そこで中国の団扇から刺激されて、その円形と人工的に柄をつけることを真似し、一方檳榔扇の軽さと暑気払いの機能を求めて、この中国の団扇と檳榔扇の二つを祖型としてほぼ八世紀の後半にわが国に豊富な竹と紙を使って今日のようなウチワができ、檳榔扇は急速に一部の用途をのぞいて（それは後述するが）、姿を消してしまったのではなかろうか。それがおよそ一世紀半後にあらわれた『和名抄』に檳榔扇のことがあいまいになり、一方ではアフギとウチワの区別がはっきりされるようになっている理由ではあるまいか。

摺りたたむことのできる檜扇、紙の扇子の祖となるものも南方の神聖な植物、蒲葵と推測される。その推測の根拠となるものとして、今日まで実在する二種の原初的な扇として、㈠平城宮趾出土の扇と㈡出雲美保神社に伝わる長形《ちょうけい》の扇《おうぎ》がある。

平城宮の扇

扇は日本においては檜とか杉の薄片、または紙でつくられている。その素材がこのように脆弱なものであるから、今日までに経塚の中から辛うじて出土した扇のいくつかも平安初期まではさかのぼれないといわれている。もっとも完全な形でのこされているものは平家奉納の厳島神社蔵の国宝、葦手絵《あしでえ》女房檜扇と安徳天皇御料の御玩具小形檜扇三枚である。これらの扇は三十五橋《きょう》（扇の骨）であって橋の長さは女房檜扇は五寸二、三分、下部は金銅の蝶鳥の要《かなめ》をつけ、上部には孔を穿って綴《とじ》糸《いと》をとおして各橋を固定させている。

しかし平城宮趾発掘によって今までまったく知られなかった奈良朝の扇、つまり日本最古と目される扇が私どもの目にふれることになったのである。

この扇は前述の平安朝以後の檜扇とようすがよほどちがっている。この扇の注意すべき点は二つある。第一は橋の長さが平安朝のそれのように一定でなく、端は短く、しかも斜めにそがれて行って中心部の橋は長くなっており、ひろげると植物の葉のようになる、ということである。

第二はこの扇には綴糸《とじいと》のための孔があけられていないことである。普通檜扇の橋の上部は孔があけられていて、そこに綴糸《とじいと》をとおして扇をひろげた際に各橋がバラバラにならぬよう固定されてい

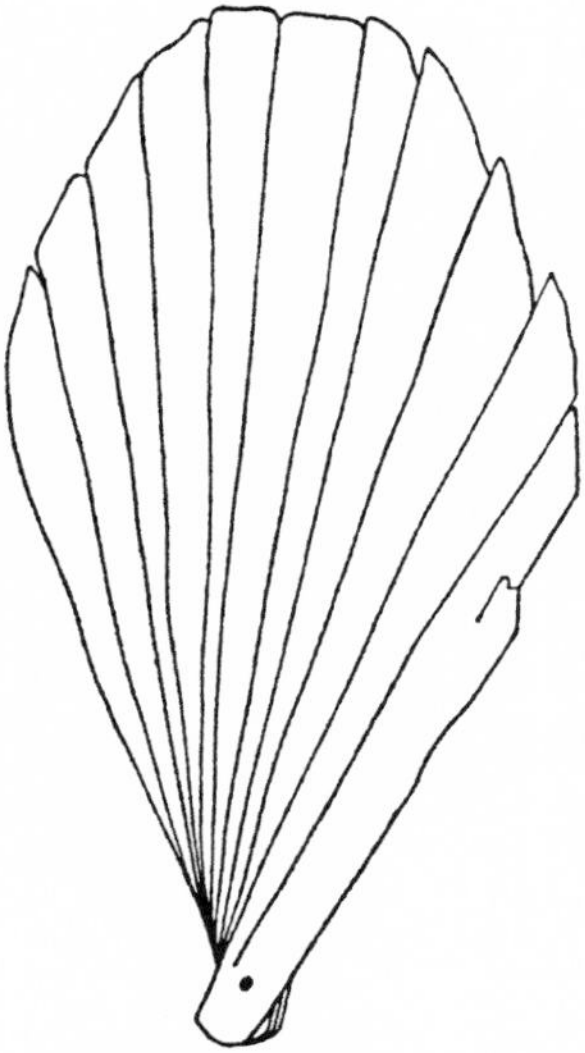

平城宮址出土の檜扇の模写

る。各橋が固定されていて、ひらいた際にいわゆる扇型になってこそ、扇は扇として風をおこす具となりうるのである。しかし平城宮出土の扇には橋の上端に孔があけられていない。もちろん、要《かなめ》のところをしっかりと固定すればそれほど各橋はバラバラと下にたれてくることはないかもしれないが、まずこれではあおぐことはしにくい。あおぐことが目的であればかならず上端に孔をあけて糸をとおし、橋を固定することを考えるはずである。結局あおぐものとしての機能をこの檜扇にみとめることはできにくいのである。

それではこの檜扇はいったい何を意味するのか。その形状から考えれば先にいったように明らかにこれは何か植物の葉を模したものである。こういう形をしたものを今日の私どもはすぐいわゆる扇と考えるが、この扇は私どもの考える実用にむすびついた、涼をとるための扇ではない。それではあおぐということから風をおこし、その風の力で悪いものをはらう力をもつにいたった呪物扇であろうか。それでもない。

この檜扇はその模倣した樹木、あるいはその葉のもつ神性、呪物性を抽出した模造の葉である。呪力はその模倣したもとの葉にあるのだから、忠実にその葉を真似るだけでよかった。それで呪物になり得たのである。

各橋《きよう》がすきまもなく固定していることは、この扇が風をおこすためのものなら絶対の条件となるべきことである。もちろん後にはそうなっている方が安定感があるし、バラバラにならず便利だから孔をあけて綴糸《とじいと》で統一するようになるが、当初は少しでも神聖とされた植物（つまりそれを蒲葵と推測するのであるが）、その蒲葵の葉に似ていさえすればよかったのである。その点この扇はきわめて写実的につくられてあり、蒲葵の葉、または蒲葵扇にそっくりで橋の長さは一定でなく、孔をあけて糸でとじることもされていない。

平城宮趾出土のこの檜扇こそ檜扇の原型をもっとも正確に伝えているものであろう。

佐太神社の檜扇

佐太神社の神扇

橋の上端に孔をあけていない古い檜扇はもう一つ現存する。この檜扇は前述の扇より時代はずっと降って平安末期と推定されているが、それは出雲松江市の西北郊、佐太神社に伝わるご神体にも準ずべき檜扇である。佐太神社についてはまた後にのべるが、出雲十郡のうち、三郡半の社家を統率した大社で、出雲二の宮と称された格式の高い神社である。

佐太神社檜扇の筥

この神社の神扇は平城宮址出土の檜扇とちがって、彩色絵の扇で、橋の長さも一定であり、橋数も二十五で、典型的な平安朝時代の檜扇である。しかし普通の檜扇とちがうところはその橋の上端にやはり孔があけられていないことである。

また注意すべきはこの扇の筥《はこ》である。扇の筥といえば一般に長方形で扇がとじてしまわれることをあらわしているものであるが、この佐太神社の神扇の筥は三角でこの檜扇がひらいたままの姿で納められるべきことを示している。つまりこの扇はいつも開いている状態が正しい、開いた姿が正式なのだ、という意識がこのような筥のつくりを生み出したものであろう。

ふつうの扇子でも神事に用いられる場合はかならず開かれる。ましてご神体に準ずるような扇はいつも開いていなければならない、その祖型になっている樹木の葉のような形をとっていなければならない、というこころがこの筥からうかがえるのである。

要するに佐太神社のこの神扇にはあおぐ機能を求められてはおらず、不断に開いた姿を要求されている呪物扇なのである。

美保神社の扇

和歌森太郎先生の『美保神社の研究』には、事代主命とその義母神（この御祭神については諸説があるが）をまつる島根県美保関の美保神社に古く伝わる諸祭事の委曲がつくされている。そのなかの蒼柴垣《あおふしがき》神事の祭礼において、重要な役目をつとめる祭具の一つがこの長形の扇である（左図参照）。

それは紙をたたんで円形とし、長い柄がつけられていて、ちょうど植物の葉をかたどったと思われるものである。それも蒲葵の葉にそっくりである。この長形の扇は親骨だけで、間の骨はない。

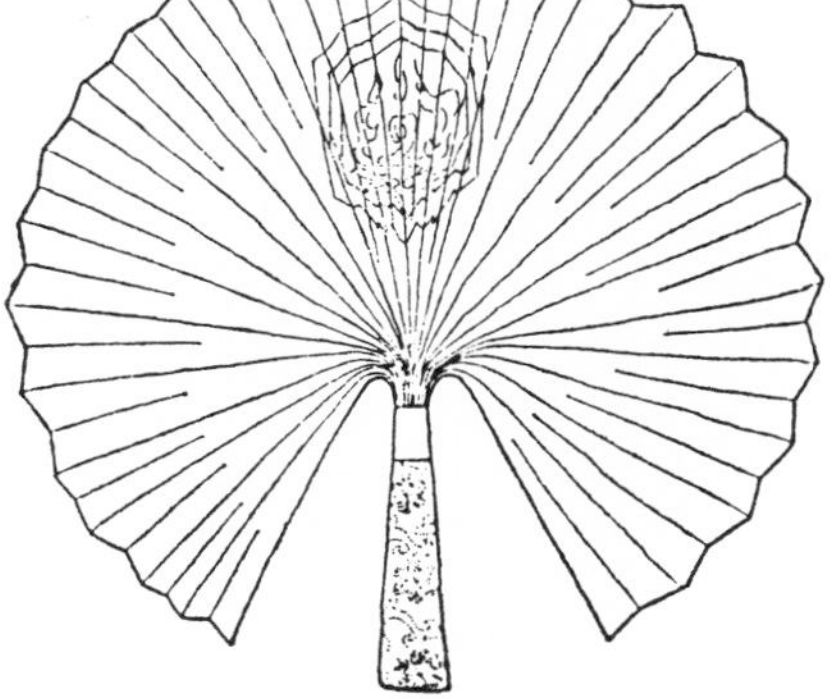
長形の扇

開いたままでたたむことはできない。間の骨もなく、たたむこともできないが、これは今日の扇子とほとんど同じで、その襞はかたくしっかりとつけられている。ちょうど蒲葵の葉がひとたび開いてしまえばたためないが、開いた後も、その葉の襞はかたくしっかりとついているのと同じである。長形の扇は今も沖縄で使われている蒲葵扇とも形がよく似通っている（次頁参照）。そうして長形の扇の襞は四十八であり、蒲葵の葉脈もほぼ四十八を数える。なお、檜扇の橋数は八の倍数である。「三重《みえ》の扇」といえば二十四橋、二十四の四を忌んで二十五橋の扇のことであり、「五重《いつえ》の扇」とい

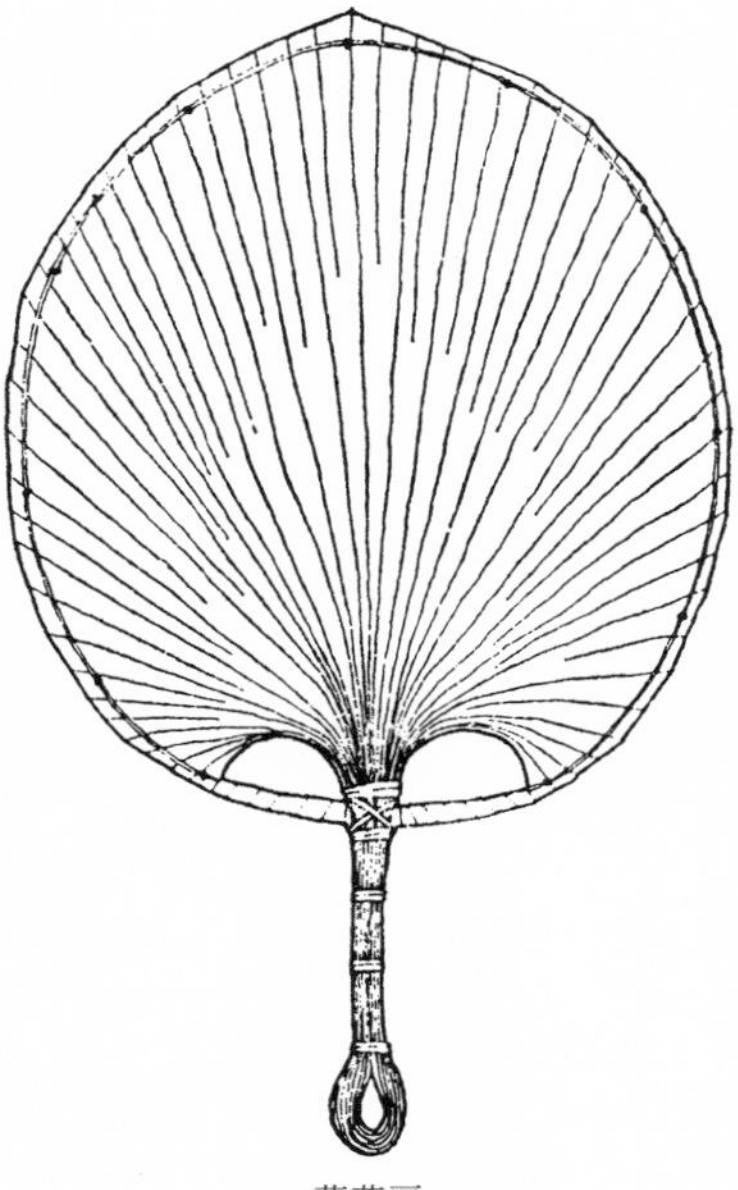

蒲葵扇

えば、四十の四を忌んで三十九橋の扇を意味する。

　長形の扇に小骨をつけて、端から摺《す》り畳むようにすれば、容易に摺畳扇、つまり折りたたむことのできる今日の扇子になる。長形の扇から紙の摺畳扇への移行はただの一歩《あし》に過ぎない。この長形の扇はおそらく今の紙の扇子の祖となるものであろう。

　この長形の扇に類似のものは、近江の老杉《おいすぎ》神社の神事に使われる扇をはじめとして、全国各地に残存すると思う。また長形の扇そのままではないにしても蒲葵の葉に似せて扇を三本ないし六本組みあわせて真円に近い形にしたものに長い柄をつけて使う例は正月の飾り、建築の棟上げ、神社の祭礼、神輿の装飾など数多くみられるのである。

　そこで以上のことをまとめてみると次のようにいえるのではなかろうか。

㈠　木片でつくられた蒲葵の模擬物が「平城宮址出土の檜扇」

㈡　紙でつくられた蒲葵の模擬物が「美保神社の長形扇」

である。

そうして、㈠の木片でつくった蒲葵の模擬物が檜扇の祖となり、㈠と㈡が合わさったもの、つまり木片製の模擬物と紙製の模擬物の長所を併せたものが紙の扇子、平安朝の品名でいえば「かわほり」の祖となったと推測されるのである。

次にそのことについてもう少しくわしく考えてみよう。

扇の謎をとく糸口をつかむ

まず㈠であるが、木片で蒲葵の模擬物をつくっているうちに、期せずして今日の摺畳扇の形がはじめからできあがってしまったということになる。ここにははじめから摺《す》り畳む、などという計画があったわけではない。木の葉の形を木片でつくっているうちに自然と今日の摺畳扇の原型ができてしまったのである。その後、手にとった時の安定感とか、構造上の固定度の要求などから上部に孔をあけて綴糸《とじいと》でとじあわせるようになった。またおそらく、製作上の便利さに加えて、形を洗練させたいという意図もあって、各橋の長さは一定となり、今日のいわゆる檜扇の形におちついたのである。そうしてその時期は八世紀中ごろではないかと思われる。

この平城宮趾出土の蒲葵の模擬物こそ、その後の祭具、威儀として祭政上、不可欠のものとなった檜扇の直接の祖と考えられるのである。

ここで興味のあるのは佐太神社に伝わる神扇である。この扇は平安中期か後期と推定されているが、この扇こそ時代の変遷によってたとえ起源となるものの性質のある部分は忘れ去られても、ある部分はその必要がある場合には記憶されて残るものであることを示す好箇の例であろう。

つまりこのころになると檜扇はすでに神聖な木の葉の模擬物ではなく、一般に檜扇はあくまでも檜扇であって、檜扇というものの、概念ができあがってしまっている。檜扇は一つの調度であり、各橋の長さは一定で、また橋はたがいに一筋の縅糸でとじあわされていて、表裏にははなやかな彩色絵も画かれている。

しかし、同じこの時代の製作にかかわるものでありながら、神事にふかい関係をもつ佐太神社の檜扇は奈良時代の原型通り縅糸はとおされておらず、またいつも木の葉の形に開いていることが要求されていたことも何となく記憶されていたために、筥のつくりもふつうの扇筥のように長方形でなく三角形をしているのである。

これは当時すでに確立していた檜扇の概念を多少崩すことによって並の扇とちがう神聖性を表出しようという意図からなったものではなく、扇の原型となったものが持っていた性質が細々とながら記憶されていたためにほかならない。

次に㈠と㈡の合わさったものが、平安朝の「かわほり」今日の紙扇子の祖となったという推測についてであるが、そのことを考える前に、蒲葵の葉がどんなものか、もう一度見ていただきたい。図鑑の説明によると、

「葉身は直径三・四尺、脈にそふて褶稜あり、中辺より細裂し、裂片は更に二裂し、細くのびて垂下す」

といっている。この葉脈が褶稜をなしている、つまり山型に葉襞《はひだ》がくっきりついているということ

と、中辺より細裂していることが蒲葵の葉の特徴である。「檳榔扇」は、この中辺より細裂しているところをたち切って、つながっているところを団扇につくったものである（左図参照）。

この図から明らかなように、紙製の蒲葵の模擬物が木片製のそれにまさる点は、葉脈間のつながりが表現できたことである。これが長所である。しかしこの紙製の蒲葵の模擬物、長形の扇は摺《す》りたたむことができないという欠点をもつ。

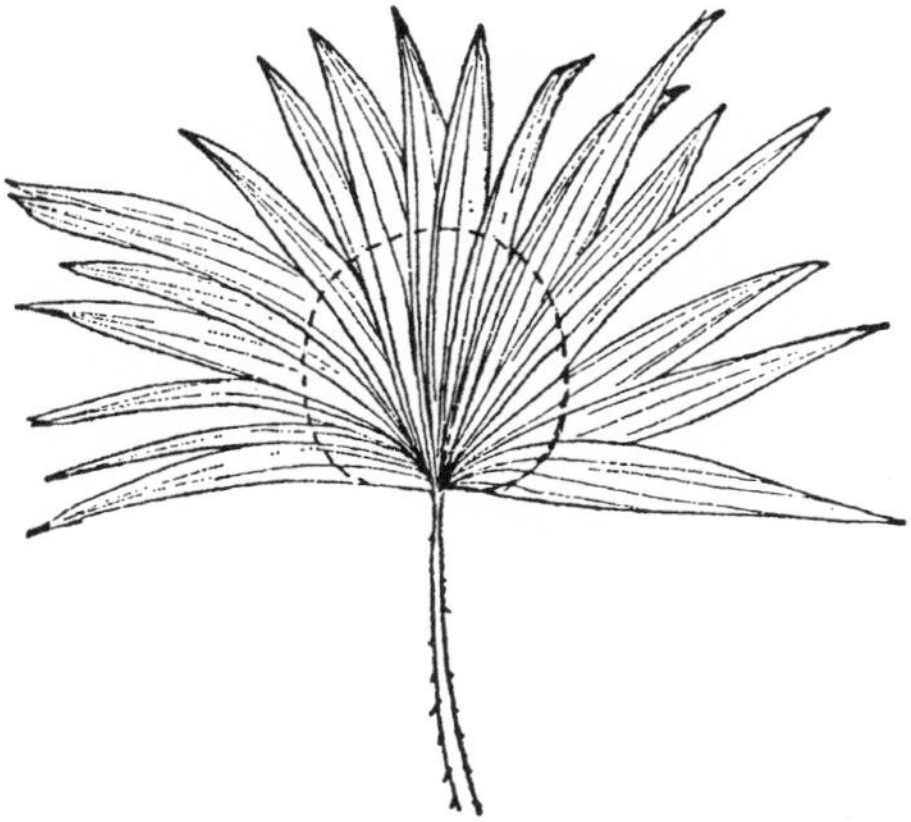
檳榔扇（蒲葵扇）

摺りたたむ扇

一方、木片製の模擬物の欠点は、きわめて写実的にできてはいるが、葉脈間の連続だけはあらわすことができなかった。しかしこの欠点は同時に摺りたたむことができるという一大長所、特徴を、この模擬物に付与し、この模擬物はこの特徴をもったまま、檜扇として発達し、日本独自のこの摺畳扇はその後、中国を経てヨーロッパに渡り、世界的の発明品という栄誉を日本の扇にもたらしたのである。今日でこそ扇といえば摺りたたむ形のものとして、それが何のふしぎも驚きもなく、人々に受けとめられているが、かつて団扇の形しか知られていなかった世界の人々の前に、摺り畳める扇をはじめて送りこんだのは極東の島国、日本だったのである。

そうしてその貴重な摺畳扇のもとはといえば、摺り畳む、という意識もなく、ただひたすら神聖な蒲葵の葉の模倣に心を砕いた何人《なんびと》かの無心の作にその起源をおくと思うのである。

そこで紙の模擬物、長形の扇であるが、この扇の長所、つまり前にいったように葉脈間の連続を表現することに成功している点はまた欠点でもあった。つまり蒲葵の葉、またはそれでつくった団扇が畳めないのと同様に、この扇も葉鬘を表面につけたまま、畳めないのである。これではカサばって持ち運びにも、しまうのにも不便である。

いったい日本人は何事によらず「カサ高い」ことがきらいである。家具調度にもこの傾向はよくあらわれている。たとえば戸は滑らせて戸袋にしまい込まれるし、チャブ台は脚を折りたたんで食事がすめば部屋の隅に立てかける。部屋はその分だけひろく使えるのである。屏風も必要の時だけひろげて使うようになっている。すべてこの調子で、紙でつくった「長形の扇」も方々で行なわれる祭祀に持って歩くために、また暑気払いにも使われることになると、ウチワと同様にひらいたままの形は不便でもあり、見た目にもうるさい。そこで木片製の檜扇の長所が真似られて、長形の扇の鬘に細い骨をつけて、端から摺り畳めるようにしてみた。そうしてここに紙の摺畳扇、「かわほり」あるいは「扇子」が生まれたのではなかろうか。以上が檜扇の長形の扇が扇子の祖であろうと推測する理由である。

第五章　御嶽《うたき》と蒲葵

連想好き

今日のわれわれとくらべた時、古代の各民族の間にはその自然観とか神観念とか、物の考え方、とらえ方などの点で多くの共通性がみられると思う。しかもなお各民族はそれらについて何ほどかずつの特徴とか傾向とかみずからを他とわかつものをもっているはずである。

それでは古代日本民族の特徴、傾向は何だろうか。それはいろいろと説もあろうが、もしそのなかで一番はっきりしていると思われることを一つ、といわれれば、私は文句なく「連想好き」をあげる。連想からすべてのことが運《はこ》んでいると思うからである。

沖縄には日本の古代がそっくり沈んでいるといわれる。もちろん、明治以前には日本本土からははるか遠い南海にあった沖縄はむしろ東南アジア、中国との接触が多くて、長い年月の間には本土とはちがった地方的特色を持つようになった。しかしそれはたまたま地理的の環境からきたちがいにすぎない。

言葉は民族の根本的な特質を示すものであるが、本土と沖縄の言葉は基本において同一であって、沖縄には現在でも鎌倉時代以前の語彙《ごい》、語法が多く残されている。

沖縄の人と大和民族が同一系統であることは言葉だけでなく、歴史学、人類学、考古学、民俗学の研究からも明らかにされている。

したがってそこからとうぜん考えられるのは、日本本土の信仰、祭祀の古い姿も、今日の沖縄になお残っているものから、何ほどかはかならずうかがえる、ということである。

それで私がこの目で見、足で歩いて知ったこと、感じたこと、とまた沖縄の多くの方々からきいた話、その好意から入手できた文献、写真などから不十分ながら一応整理できたと思われることを「御嶽と蒲葵」、次章の「神の顕現《みあれ》とは」としてまとめてみたのである。

沖縄の特殊な言葉について

沖縄について何か言おうとすると、すぐ本土ではあまりきかれない言葉、つまり「御嶽《うたき》」とか「根所《ねどころ》」「根神《ねがみ》」「根人《ねんちゅ》」「ヲナリ神」「エケリ神」「霊力《セジ》」などという言葉がとび出してくる。そういう言葉について、はじめにごく大ざっぱな説明をしておきたいと思う。

御嶽と神社

沖縄を知るのに大切な事実が一つある。それが特殊な研究者とか、沖縄を訪れた人々とかは別として、意外に多くの本土の人々に知られていないのである。

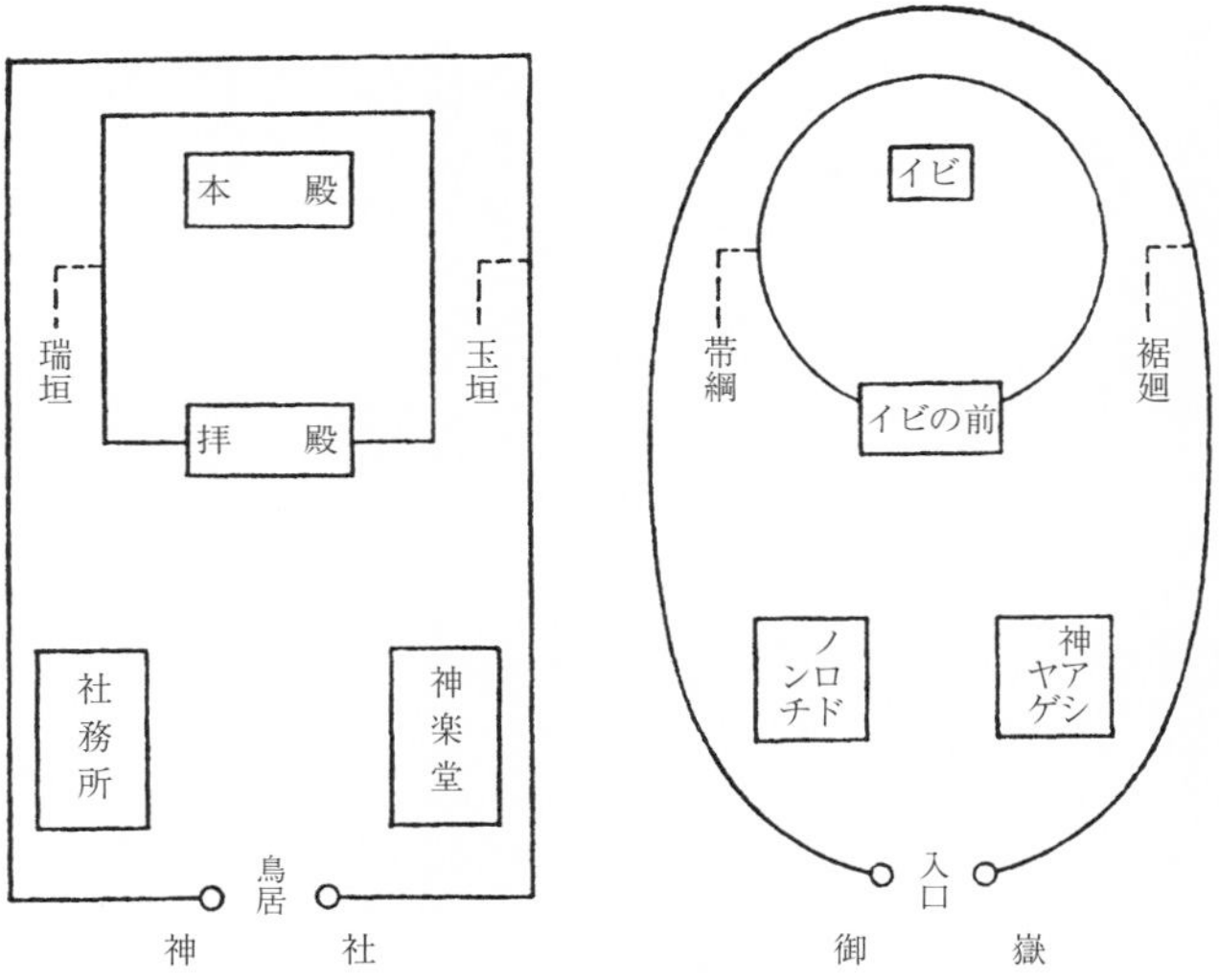

神社と御嶽（宮城真治著，南島論叢『山原の御嶽』より）

その大切な一つの事実というのは沖縄には本土にみるような社殿をそなえた神社はないということである。もちろん明治以後、本土から新しく勧請された神社とか、本土にならって作りかえられたところには社殿がある。しかし本来は本土にあるような社殿はない。

それならば人々はどこで神をまつるのであろう。

沖縄では神は「御嶽《うたき》」でまつられる。神の来臨を御嶽に仰ぎ、そこで祭りが行なわれる。

この社殿のない神のまつりの庭が「御《う》嶽《たき》」で、「御嶽」こそ実は日本の神社の祖型をなすものと考えられる。

御嶽は多くの場合、山裾の木立のなかの空地を低い石垣で丸くかこったところである。

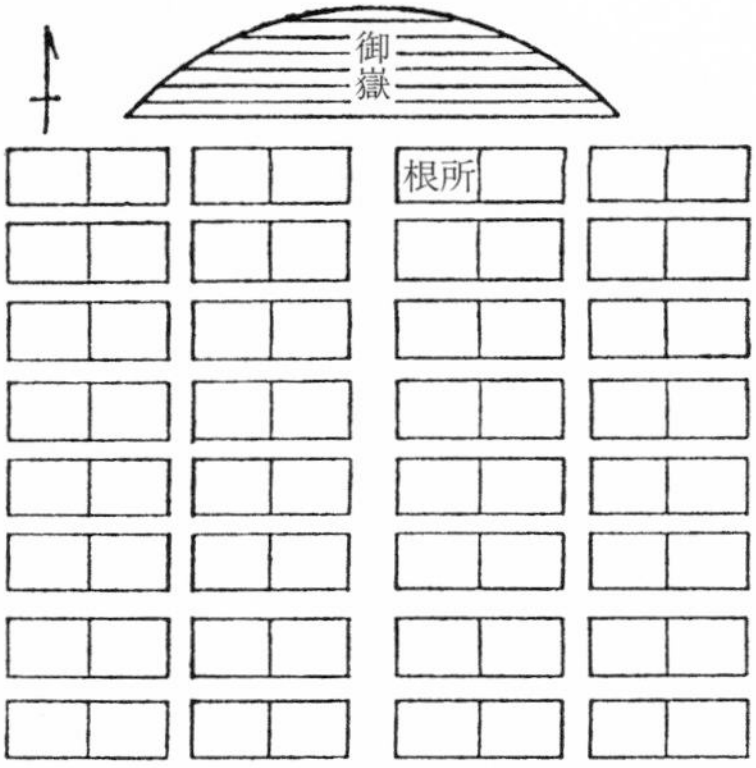

正型村落の形態（『琉球宗教史の研究』より）

御嶽の由来は御嶽ごとに異なるが、だいたい共通していることはそれが村の開拓者にゆかりのある場所だということである。ゆかりのある場所とは住居趾とか墓所を意味する。古代には住居趾は往々墓所ともなったからである。

開拓者の住居趾は大てい村のなかでも一番よい場所で、そこを起点として村は発展していく。次の図は鳥越憲三郎博士の『琉球宗教史の研究』から転用させて頂いたものである。

この図のなかの「根所」というのは村落の開拓者、創建者の家を意味し、その家は御嶽にもっとも近く位置した。御嶽にもっとも近く居を構えるということは御嶽の神のもっとも近い血縁者ということを表現しているので、神の血縁者、神の代弁者として根所は、

・神の祭祀権
・村を支配する実権

という政教二重主権を掌握した。そのために根所の家では、

・神の神託をうけるもの——根神《にがん》（女《姉妹》）
・神の神託によって村を治めるもの——根人《にんちゅ》（男《兄弟》）

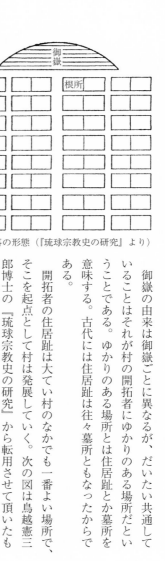

が必要となった。

しかし今日では根神（女）はまだ原初の権利をたぶんに持っているのに較べて、根人（男）は次第に国家機構に権力を吸いとられて、根所の権威は根神の宗教上の力によって維持されているのである。

教権が女の姉妹、政権が男の兄弟によって掌握されていたということは女が男に対して優位を占めていたことをあらわしている。政権といってもそれは結局「根神」の、つまり女の姉妹のもつ教権の裏づけあってのものだからである。

ヲナリ神

女の姉妹が男の兄弟に対して優位に立つことは根所の家だけの話ではない。一般の家でも女の姉妹は男の兄弟に対して「ヲナリ神」といって守護神となる。男の兄弟は女の姉妹に対して「エケリ神」となるが、その霊力《セジ》はヲナリ神の霊力《セジ》よりはるかに劣るのである。

一つ家のなかの同胞でありながら、女が男に対して神となることは今日の私どもの目から見れば奇異に感じられよう。しかし古代には本土にもその形跡はいろいろみられるのである。

『古事記』をよむと景行天皇の皇子、倭建命《やまとたけるのみこと》は年齢わずか十五、六歳で勅命により西国平定におもむく。その時殊更に道を枉《ま》げて姨《おば》の倭姫命《やまとひめのみこと》をたずねてその衣裳を贈られている。「倭《やまと》」という同じ名が冠せられていることは偶然かもしれないが、この姨と甥の間柄にはなにか特殊な関係が感ぜられる。これはヲナリ、エケリの関係ではなかったか。倭姫命は倭建命に対してつねに守護神

イザイホウ神事（著者撮影）

のような立場にいる。倭建命ほどの英雄が難事に赴く場合は必ずこの姨《おば》を訪ねて、人間的な悲しみを訴え、呪物と思われるものを何彼《なにか》と授かっている。このことはまた後にも述べるが、それは沖縄で旅立とうとするエケリがヲナリから、手さじ（手拭いの一種）を貰って、その霊力《セジ》を身につけていく風習に酷似している。

人が神になること

生身《なまみ》の人がそのまま神となる例はこのヲナリ神ばかりでなくほかにもある。

たとえばはじめにいった久高島に伝わるイザイホウの祭りなどにもはっきりみられる。つまりここでは十三年回りの神事、十三年目の午年《うまどし》旧十一月の満月の際に、新しく島の三十歳以上四十一歳までの女性が残らず神女となる。この神事に合格すると、根神から神名を与えられるが、これは「何々神」という名称で一般の人に対しては秘密とされ、祭祀の時に限って使われるのである。

このように日本人の信仰の型は人が神になりやすく、ある条件をそなえた生身の人のなかにつよい霊力《セジ》をみるのである。

この傾向は現に生きている人よりも他界に去った祖先には、その霊力がさらに強烈に意識され、その力はこの世に生きる子孫に対して大きく影響すると信じられた。

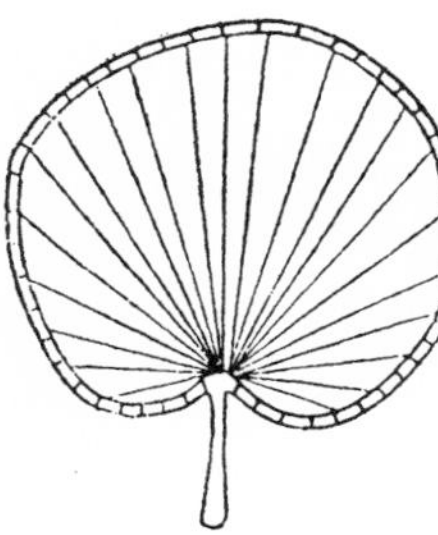
日　扇

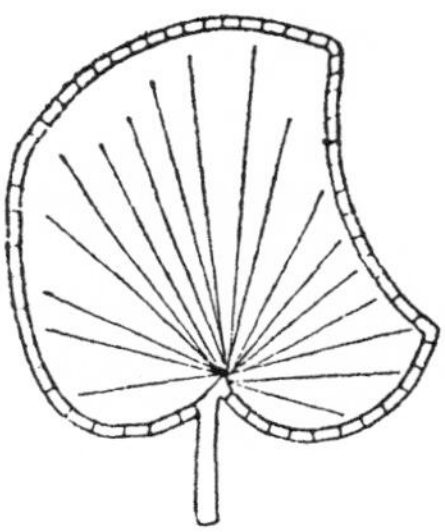
月　扇

沖縄には「おそい」と「腕宛《くさて》」という言葉があるが、祖先神である御嶽の神と村人の関係はこの言葉で説明される。つまり「おそい」とは子孫である村人を愛護育成する神の機能をあらわす言葉であり、村人が神を信じてよりかかるのが「腰宛」の言葉にあらわされる状態である。
また根所の神棚にはかならず二柱の「祖神」がまつられてあり、そのヨリマシとして二つの蒲葵扇を安置したところが多いといわれている。（その扇は男をあらわすほうを日扇といい、女のほうのは月扇といって、そのふちを欠いている。）
伊波晋猷氏はその祖母から自分たちは皆この二柱の神の「なし拡げ」（生んで殖やしたもの）だとよく言ってきかされた、そしてこの伝承は一般的なものとみて差支えないといっておられる。さらにこの二柱は「ヲナリ神」「エケリ神」の兄妹または姉弟であるから同胞であって、しかも夫婦神でもあったことを示唆しておられる。

沖縄の信仰は男女の両性のからみ合いに基を発している生々しいもので、しかもその際、常に女性が男性に対して優位に立っている。

以上「御嶽」「根所」「根神」「根人」「ヲナリ神」「エケリ神」「霊力《セジ》」「腰宛《くさて》」「祖神」など沖縄の信仰に関連する特殊な言葉の意味を簡単に説明したつもりである。

御嶽のなり立ち

琉球大学の仲松弥秀教授は十数年にわたる精密な実地踏査の結果を昭和四十三年十一月に『神と村——沖縄の村落』として発表せられた。
この本の内容は密度が高く、簡単に紹介しきれるものではないが、御嶽のなり立ちに関係するところを各処から引用させて頂く。
先生は「昔は死者を家の背後に葬した」という久高島の古老の言葉や、伊波晋猷氏の津堅島の葬制に関する聞書《ききがき》のなかから、死者が若い人の場合は遊び仲間の男女が毎晩のように楽器や酒肴をとのえて風葬所の死者を訪れて歌舞をしたということなどを引用して古代人が死をおそれていないことを例証されて、
死んだひとは神になる、という古代信仰からすれば、祖先たちの葬所や墓が拝所となり、その森が御嶽になることは自然である。御嶽は石垣囲いの御嶽もあり、それのないところもある。そのいずれにしても、葬所であった場所であることに変りはない。森のなかで風葬されて死骨とな

ったものは御嶽内かあるいは背後の急崖の岩かげや岩窟に収骨されている。
と述べておられる。本土でも出雲地方で式内社の由緒を誇るほどの神社はその境内かその近くに大
てい古墳をもっている。

沖縄には「人は死んで女性の胎《はら》を通って元に帰る」という帰元思想があり、また「人間は二寸に四寸の穴から出て、二尺と四尺の穴に入る」という言葉もある。

真乙姥（マイツバ）御嶽の拝殿
上は拝殿からイビを拝む司（つかさ）達。下の写真で香炉の奥がイビ、その中の石囲いが神女マイツバの墓。

石垣市の真乙姥《マイツバ》御嶽《うたき》は真乙姥という神女の墓所が御嶽となっているが、そのつくり方はイビの前にアーチ型の門をおき、低い石垣をめぐらせている。両足を思わせる別の石垣が入

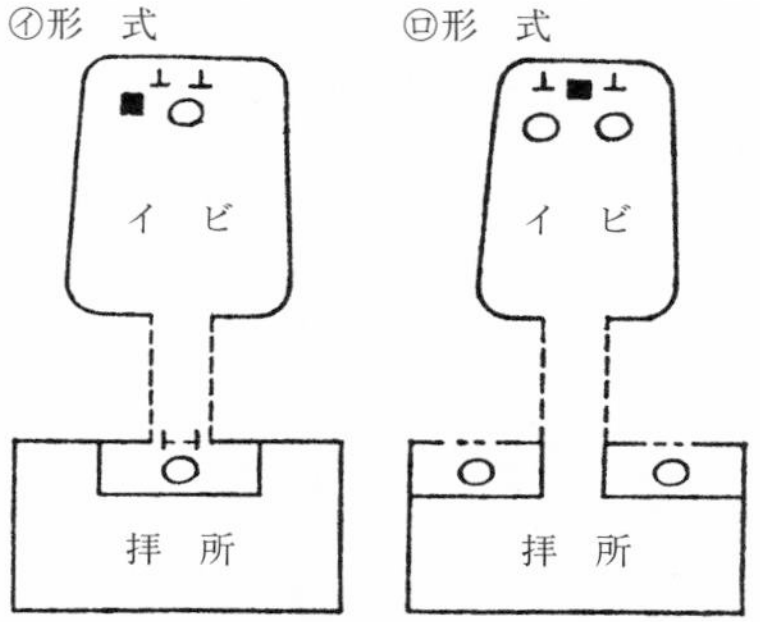

イビ…女性司祭者または女性信者のみ出入りを可とされている神域　拝所…礼拝所

⊥…クバの木　○…香炉　■…聖石

御嶽のイビの構造（『沖縄の社会と宗教』より）

口から左右に開いていて、人が死んでふたたび母の胎に入ることを暗示している。このアーチの意味するものは二寸と四寸の穴であろう。現在の個人の墓にもこういう作りのものを見ることがある。

また現在沖縄各地に多くみられるのは亀甲墓《きっこうばか》であるが、この種の墓の伝来は十五世紀であったという。これは中国で「六」の数を尊んで亀甲の六角を模したものだといわれているが、古老の話では亀の甲とはいうがこれも実は亀の甲羅に当たるところはかすかに丸くふくらんでいて母の体に象《かたど》られており、元に帰る、という考えをあらわしているという。

連想好きな私どもの祖先は人間の死を人間の生誕とは逆の方向からとらえて、死者を母の胎に象ったところに帰した。その墓が御嶽の起源と考えられるから御嶽のつくりはとうぜん女陰を象ったものとなろう。

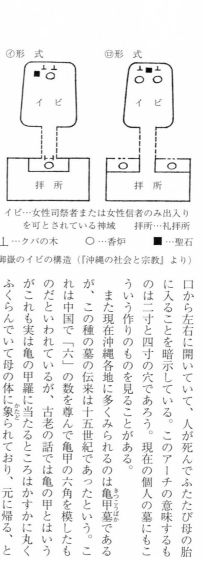

しかし御嶽は神となった祖先を再びこの世に迎える場所である。それは換言すれば神の「み生《あ》れ」の場所である。連想好きな私どもの祖先は神の顕現の把握もまた人間の生誕のようすからの類推によったのである。

人間の生誕は女だけでは起りえない。もし御嶽の形が女陰を象るものならばそこにはかならず男性を象《かたど》るものがなければならないだろう。御嶽における男性の象徴がほかならぬ蒲葵だと思われる。御嶽の女性のそれを象った空地「イビ」のスケールに見合った男性の象徴が蒲葵であった。

ものは二つあればかならずどちらかが一方に対して優位を占めるものである。

「種」と「畑」とではどちらが「作物」にとって大切か。もちろんどちらともいえないが、原始の人の感覚には直接作物を育む「畑」は「種」よりも重視されるべきだと思われた。母なる大地の考え方は生物にも人間にも適用された。

生命の種を宿す男のそれも霊力《セジ》高いものとされたが、直接生命を育む女性のそれは、その霊力《セジ》において男性のそれを凌いだ。

これは明らかに女性上位の考え方である。この考え方はそのまま御嶽の構造に持ち込まれ、さらに信仰形態、組織にまで織り込まれた。

御嶽の構造

前述のように御嶽は村人の祖先である開拓者にゆかりのあるところにつくられた。村のなかでもだいたい特等席であって、小高くなっていて木立にこんもりと取りかこまれているようなところである。

その木立のなかに石垣を低く丸く囲《めぐ》らせた空地がある。その石垣の正面入口が一ところだけ開いている。その入口はけっしてひろくはない。

その入口の上にはかならず細長い石を架して、アーチの形にこしらえてある。入口の門がアーチ

石垣市美崎御嶽のイビ入口
イビの入口はアーチ型。その上に宝珠の形の丸石がある

型になっているのが特色で、そのアーチの上には宝珠の形をした小さな丸石までおかれている。

　このアーチをくぐって入ったところ、先ほどからたびたび言っている低い石垣で丸くかこまれた空地が「イビ」でここが神の降られる聖域である。

　イビの正面の奥所には壇がきずいてあって、そこに香炉と聖石をおく。この聖石をイビという人もあるが私はとらない。この石は陰陽石である場合もあるが、いずれにしてもイビではない。イビには神降臨の場所という気持がかんじられるからである。これは私の憶測にすぎないがイビは「斉庭」から転じたものではないかと思う。

　香炉には沖縄特有の太い黒色の線香が焚かれるが、これはおそらく道教の影響によるもので、この香炉は古代にはなく太古には聖石だけだったろうといわれている。

イビのなかには清浄な砂をまく。

そのイビを取巻く樹木のなかに、彼らは何喰わぬ顔をして男のそれによく似たものを置いた。それが蒲葵である。

樹木と石と砂という自然物をつかって、彼らは生命のよってきたるところのもの、男女両性のセ

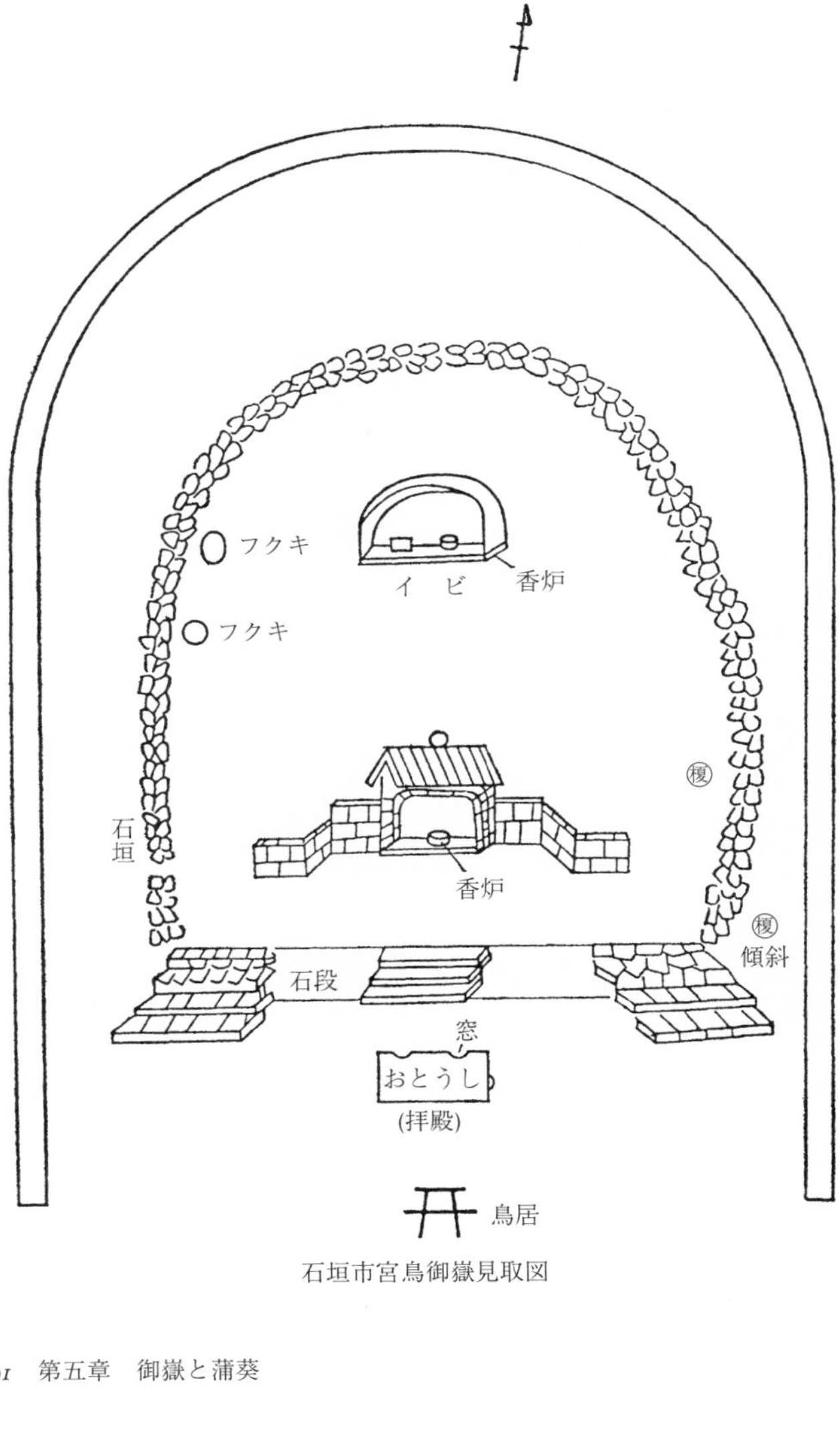
フクキ
フクキ
イ ビ
香炉
榎
石垣
香炉
榎
傾斜
石段
窓
おとうし
(拝殿)
鳥居

石垣市宮鳥御嶽見取図

ジ高いところを、たくみにつくり上げているのである。

御嶽の神木蒲葵と御嶽のイビの関係は日本本土の神社ではどうなっているか。伊勢神宮をはじめとする日本の古い社には神殿の中央に「真《しん》のみ柱《はしら》」が祀られる。それは神殿の建築には何の関係ももたない「斎《い》み柱《はしら》」である。この「真のみ柱」が御嶽の神木蒲葵で、その柱の下が伊勢神宮でももっとも神聖なところと説かれている。その「み柱」の「み下《した》」こそイビである。それだからその柱と柱の「み下」の合したところがもっとも神聖なのである。神殿はそれを蔽《おお》った「さや堂」と解される。なおこの「み下」に供えられる「天平瓮《あめのひらか》」の謎もこの解釈からとけると思う。

前頁の図は石垣市の最古の御嶽といわれる宮鳥御嶽の略図である。

御嶽のつくりはいろいろであるがこれが大体の原型である。

土地はゆるい傾斜をなしていて、女性が足をひらいて仰臥しているところが象《かたど》られている。以上を要約すれば御嶽は祖先の葬所を出発点としているとはいえ、御嶽となった以上は神となった祖先をまつるところ、祖先神の降臨をまつところである。

もともとは死者をこちらの側から常世の国に送り出したところであるが、御嶽となった以上はむこうの常世の国の方から逆に神を迎えるところである。それは神のみあれの場所といえよう。

人の生誕から類推して神のみあれも考えられた。御嶽はしたがって女性のそれに象ってつくられている。御嶽の最重要のところ「イビ」は正にそれであって、それを助ける神木が、男性を象徴する蒲葵である。

それだから女性上位、女性のセジ高さは御嶽の構造にもあらわれているといえる。祭祀組織にも女性上位が織り込まれている証拠は村の祭祀所、つまり根所《ねどころ》である。はじめに説明したように根所における主祭は根神《ねがみ》といわれる女性であり、根人《ねんちゅ》といわれる男性は助祭に過ぎない。

神木蒲葵

「神のみあれ」と「みあれ」をめぐる諸問題の考察は次章以下にゆずるとしてここではこれから御嶽の蒲葵について考えてみよう。

御嶽の蒲葵（宮古にて）

御嶽の神木、蒲葵は喬木である。しかし喬木ということならば沖縄に多い椰子もフクキも喬木である。イビを取りまく木々のなかで蒲葵だけが並すぐれて高い木ではない。ある場合にはむしろボソボソとして他の木に圧され、茂みのなかをのぞきこむようにしなければ認められないこともあった。

蒲葵と同類の椰子などがむしろ

高くなる可能性が多いのに、蒲葵が代表的な神木とされたのは蒲葵の幹のもつ風合が、よりはっきりと男性のそれを感じさせるものをもっているからであろう。

この木が直立しているから神がこれを足がかりに下界に降りられた、それで神木にされた、というのは体裁を気にする後代の人のさかしらであって、蒲葵はそのものズバリが好きな原始の人から男根を象徴する木と見立てられ、それゆれ神木になったと思うのである。

単なる神の梯子《はしご》だからというのではこれほどの聖物とされる資格はない。男根は生命の根源となるものだから霊力《セジ》高いものだった。それを象徴する蒲葵はやはりセジ高く、蒲葵は樹木以上の何かと考えられたのである。それだからこそ、祭りのときに当って神霊がそこに憑依《ひょうい》するのである。

しかし神霊の憑依がすなわち神の顕現ではない。古代人にとって神顕現はそうあっさりとしたものではない。神の顕現は人間の生誕になぞらえられるから祭りは複雑な段階をふむのである。しかしそのことは次章にのべよう。

御嶽の神木は今は蒲葵だけではない。よくみかけるのは蒲葵によく似て直立している椰子、それから蒲葵とはまったく種類が別の喬木、フクキ、巨木になるデイゴ、アコウ、ユーナ、クロツグ、榎、松、ガジュマルなどまことに多い。

けれどこれは比較的新しいことで昔は神木の資格をもっていたのは蒲葵だけで、そのほかの木々はただ御嶽に生えている木に過ぎなかったと思われる。

そのことは蒲葵の名が冠せられている御嶽が圧倒的に多いことからも証明されよう。

フクキや椰子、デイゴなど他の食物の名を冠せられている御嶽は一つもなく、蒲葵以外の植物では一、二カ所、松とガジュマルの名がついた御嶽があるばかりである。

蒲葵の嶽名と神名

『琉球国由来記』には御嶽の嶽名と神名があげられているが、そのうちで蒲葵に関係のある嶽名と神名を書き出すと次のようになる。

嶽名として使用されているもの

コバウノ嶽	一四
コバノ森	六
コバモトノ嶽	三

神名として使用されているもの

コバツカサノオイベ	三七
コバウノオイベ	五
コバノワカツカサノオイベ	二
コバノオイベ	二

嶽名、神名を合わせると実に六十九カ所となる。『由来記』に記載されている六百足らずの嶽名のうち一割以上が蒲葵によってしめられている。

くり返していうが今日御嶽の神木となっている多くの木々の名が御嶽の名にほとんどなっておらず、蒲葵に独占されているこの事実は何を物語るか。

嶽名のほかに蒲葵の特殊性を証明するものは神事、祭事においてもほかの木をはるかに引離して蒲葵が供されることである。

蒲葵と神事

［竹富島小波本《コバモト》（蒲葵本）御嶽の神事］　この御嶽は竹富島の中でもっとも神聖な御嶽であるが、ここはニライカナイから五穀を迎える「世迎《ゆむか》い」の祭りが行なわれるところである。この御嶽を祀る司《つかさ》（祝女《のろ》）はこの神事に際して蒲葵の草履をはき、蒲葵の葉に座し、蒲葵の団扇を使う。また神事に先立って、蒲葵の葉を束ねたものを蒲葵の幹にしばりつけ、それを伝ってくる水を取って身を浄め、祭りに参加したということである。蒲葵の木から水を取ることが「世迎《ゆむか》い」の祭りのはじめに行なわれるというのは意味深長である。

「世《ゆう》」というのは五穀豊穣、豊年を意味し、「今年の世《ゆう》」といえば今年の「みのり」「出来」をさす。本土でも「世の中がよくて」という表現をつかう地方がまだあるそうである。

豊年を迎える神事に蒲葵の木を伝う水がまず用いられ、それから蒲葵尽しの祭具が登場するわけである。

［神アシャゲのタモト木］　祭りに際してつくられる御嶽の中の祭場、「神アシャゲ」の中には普通、「タモト木」というながい丸木が横たえてあり、それを「腰宛《くしやと》」にして巫女が坐るのであるが、この「タモト木」は昔はすべて、蒲葵の木が用いられたという。「タモト木」の言葉の意味はわからないが、これは「タネモト」（種元）ではないかと思う。

蒲葵を男根の象徴とすれば、巫女がこれを腰宛にして坐ることは意味があるわけである。沖縄では「タネ」という言葉は男根を意味する。

やはり竹富島のなかにヤンガーガマと呼ばれる鍾乳石の洞窟《がま》がある。この洞窟の奥深くには「種《たに》神《しん》」「母神《ははしん》」「火の神」と「ミルクの神」の四神がまつられてあるが、天然の鍾乳石がそれらの名にふさわしい形をして、あるいは立ち、あるいは伏《ふせ》っている。ローソクを灯《とも》して四神の祀られている一隅をみると「種神《たにしん》」は男根の象徴、「母神《ははしん》」は女性が足をひらいて仰臥している形、「火神」は三個の丸石で象徴され、「ミロク」は人の顔の形をした鍾乳石である。

竹富島のもう一つの大きな祭、種取《たんと》り祭の折にはまずこの洞窟の「種神《たにしん》」を拝んでから、六名の神司《かんづかさ》は世持《ゆむち》御嶽に参るという。

タネ＝男根＝蒲葵＝タモト木

と並べて考えると、この「タモト木」は「タネモト木」ではないかという気がする。そう解釈すれば昔「タモト木」がなぜ蒲葵でつくられなければならなかったか、その理由がはっきり説明できると思うがどうだろう。

なおこのほか、久高島、久米島、本島においてもまた宮古八重山でも祭事に蒲葵が用いられる例は文字通り枚挙にいとまがないほどである。他の御嶽の神木にはこれもまた見られないことである。

しかし次にあげる例こそ蒲葵の神聖性を示す決定版といえよう。

「聞得大君即位式の蒲葵」　「聞得《きこえ》大君《おおきみ》加那《がな》志様《しさま》御《お》新下《あらおり》日記」は琉球最高の女神官が斎場御嶽で行なう即位式の日記である。それによると女神官は斎場御嶽に一泊されるが、そのとき臨時につくられた仮屋の壁はことごとく蒲葵の青い葉で張られ、鴨居その他には蒲葵の幹がつかわれたという。このことは後にのべるが、昔天皇の即位式に先立つ川原の祓《みそ》ぎの神事の際の刈屋、百子帳《ひやくしちよう》がやはり蒲葵の葉で葺《ふ》かれたことと対照して興味ふかい。天皇は祭政を統べられたが、聞得大君は神を祭ることによって王をたすけた。天皇といい聞得大君といい国の最高の主祭者の一世一度の即位式に際し、あるいは蒲葵の葉の中に一夜を過ごし、あるいはそこに一時《ひととき》を過ごされたという。祭事の第一人者による同様の場合の同様の蒲葵の使用。そこに何かふかい意味がかくされていると思う。

第六章　神の顕現《みあれ》とは

海の彼方

昭和四十三年九月、私ははじめて沖縄の土をふむと間もなく久高島に渡った。それはこの島が周囲わずか二里ほどの小島ではあるが沖縄本島に神が最初に天降りされたという伝説をもつこと、その蒲葵御嶽《くぼうたき》はもっとも神聖な御嶽であるとされ、伊勢神宮にもたとえられるべき尚王家の斎場御嶽も、じつはこの久高島、あるいはクボウ御嶽遙拝のための御嶽といってもよいほどの島であるからである。またこの島のイザイホウの神事に蒲葵の葉がさかんに使われるようすもききたかったからである。この島に一昼夜を過し、その間もちろん、クボウ御嶽も、最初の五穀の種がながれついたという伝説の浜辺も、案内されて一応の目的は達したけれども、その目的のほかにまったく予期しなかった収穫があった。

夜は公民館で過ごしたが、その他の時間はすべて西銘《にしめ》家の老刀自カメさんの世話になった。カメさんはほとんどつききりで話をし案内をし世話をしてくれたのであるが、この老刀自をみていて気

海の彼方

がついたことがある。

一日中、朝となく昼となく夕べとなく、それこそ暇があると海端に出ることである。海端といってもややゆるやかな勾配の崖の上であるが、そこに出て、じっと立ったまま海の彼方をみている。水平線の向うに目をやっている。それがどうも癖になっているようである。みるとこのおばあさんばかりではない。若い働き盛りとみえる男の人でも何かというと切崖の上に出て海の向うをみている。その時まったく突然に私は気がついた。

「これがニライカナイだ」

島のなかにはいささかの畑があるだけである、山もなければ川もない。

この島に何かがもたらされるとすれば、それは海の彼方からでしかない。物も人も、今でこそテレビもラジオもあるが、その昔は一切の音信も、古くは難破船の破片も遭難者も死人も流木も打ちあげられたことだろう。まれには海賊船もきたかもしれない。目にみえない疫病もくるのは海の向うからであった。

よいことも悪いことも期待されることも期待されぬことも。

しかし海の彼方はよいところであった。平和は願わしいが、ときには無事のあまり、願わしくないもの、こと、人さえ、何もこないよりはよかったかもしれない。

船着場、あるいは海辺は本土の人のバス停、駅、道路、何もかもひっくるめた、否それ以上のものなのである。

古代沖縄の人の考えた、常世の国、根の国、ニライカナイは地の底ではなく、ほの明るい海の彼方、天と海が一つにとけあった水平線の彼方、ということを私は身にしみて実感した。わずか一晩の島の生活だったが、私自身、もう何か外界とのつながりが欲しくて、目がさめると早朝から、アダンの茂る崖の上に出て海を見る、それがわれながら不思議でもなんでもなく自然にそうなるのであった。

前日の夕方、着いたばかりの私がまるでもう前からの知合のようにもてなされ

アダン

たのは……。

海の向う、ニライカナイからの客のようなものだからである。

はるかに遠くて、ほの明るく、何か物悲しく、なつかしく、いろいろのよいもの（悪いものも少しはあるにはあるが）、生命も、幸も、物の種も一切のもののあるところ。「海の彼方」という現実とからみあった想像の理想郷、それがニライカナイだ。

沖縄、ひいてはわれわれ日本人のものの考え方、信仰の中にみられる現実と想像の織りまざった二重性はこの現実の「海の彼方」への憧れにもとづくものだろう。

観念的であるはずの理想郷が島の人には海の彼方というはっきりした現実の形をとって示されている。そこからまず理想と現実がないまぜになり、神と人との境《さかい》が稀薄となり、神の顕現が人の生誕から類推され、生と死は常世国を基点として逆方向のものに過ぎないと意識される。

こうしたことはすべて混沌ともみえるが、当人たちにしてみればそれはそれなりに統一された世界なのである。私どもには無意識のうちに解決ずみと思われているこの混沌の中の統一が、西欧人からみた時にはもっとも不可解なものになる。

本章は、私どもが無意識のうちに解決ずみと思っていること、混沌のなかにある統一性を、新しくとり上げて考察したものである。

『ニライカナイ』

古代沖縄の人の信仰を考える上で一ばん大切なのは、理想郷「ニライカナイ」を知ることである。

「ニライカナイ」とは、常世の国、根の国のことであり、神のいますところ、一切のものの種《たね》のあるところである。

そのニライカナイを古代沖縄の人はどのように考えていたのであろうか。

ここでは前にも引用させて頂いた琉球大学の仲松弥秀教授がまとめられたところにしばらく耳を傾けよう。

「神の居所

沖縄においては、神の居所について現実的な場所と観念的な立場の二通りに分けることができる。

現実的場所とは眼で見える処、即ちグスク・御嶽・テラと称せられている処である。これらは名称こそは異なっているが、そのいずれも根源は祖先達の葬所であったところである。」

そうして観念的の神の居所、ニライスク（ニライカナイ）について、

「島人の目は日常海に注がれ、広い海の彼方、即ち水平線の彼方に想いを馳せる。……水平線の彼方にわれわれの世界とは異なった、幸福がまっているような世界を想念する。

琉球列島には粗弱な石灰岩地層が広く展開し、その地域に古来から生活してきた。そこには自然の洞窟がいたるところに分布していることから申し分のない葬送所を提供している。

『人は死ねば神と成る』を想念していた古代人の観念は、やがては納骨された洞窟を通して、すなわち地底を通してニライカナイにゆくという想念をもつようになる。

次に葬所に利用される岩窟が地底には少なく、地上の崖に横穴状になっているのが多い地域

――沖縄本島や奄美大島に多い――では地底の観念はなく、洞窟や岩蔭から海上を通ってニライに達するとの想念が生まれる。

次に陸内にあって高い山々が海洋以上に目に映ずる村落ではおそらく祖先神ニイルピトは山上を通して天上のオボツに達すると想念するのではなかろうか。……ところで島人の周囲は陸というよりは海と空といっても過言ではなかろう。しかし海は何時、何処でも自由な姿勢で日常目にふれている。この点、空は仰がなければならない。島の古代人が最初海にひかれ、海の彼方にニライカナイを想定したことは自然であろう。

しかし彼らは空を忘れたのではない。水平線は海と空とが一つになったところである。やがて彼等の想念は空にも拡がり、神は空を通って子孫の許に帰るとの想念も生まれ日・月・星辰に注意深くなるにつれて、海と空に対する神的想念も同格的になってきたと思われる。

神のいますニライカナイは安らかな幸な世界であり、……現実世の浄化された一種憧憬の世界と観じている。……そこはボーッとした淡い色の世界であり、現実世界とはかすかな連絡可能な世界である。

そこは根の国・根源を成す世界とも観じられ、場合によっては悪病がこの世に渡ってくるし、寒い風がやってきたり、暖い風、慈雨、豊作、穀類ももたらす根源の国のようである。現実世界から神となった祖先達は、ニライカナイに行って、そこで親兄弟、友人はもちろん他の人々も一しょになって、村々の人が一つ家に住んでいるような村をつくって生活しているのだ、と古代人は想定している。」

以上、ながながと引用したが、このニライカナイこそ、沖縄の信仰を理解する有力な手がかりの一つである。

教授の説かれるところをもう一度まとめてみよう。

神の居所
- 現実＝御嶽《うたき》（城《ぐすく》・テラも含む）
- 観念的＝ニライカナイ

- 御嶽＝祖先の住居趾、取りわけ墓所であった（墓所は洞窟の場合もある）
- ニライカナイ＝海の彼方（空は水平線で海と一つになる）

神の居所《
- 御嶽＝祖先の墓（現実）
- ニライカナイ（観念）

私はこれを私なりに次頁の図のように図解してみた。

ニライカナイは海の彼方の理想郷である。そこは神の居所であり、また同時に、あらゆるものの生命、種、その他一切のもののあるところである。そこから何も波もはるばると渡ってくる。そうするとニライカナイは観念的な理想郷ではあるが、同時に「海の彼方」という現実的な性格も多分にもっているところである。

ニライカナイは現実に海の彼方から、すべてのものがもたらされる島の人が、現実生活からの連想、あるいは類推から考えた理想郷であって、ここには観念的世界と具象的世界が彼らの心象のなかでダブっているのである。観念的とはいいながら完全に観念的ではない。これと似たことが、他

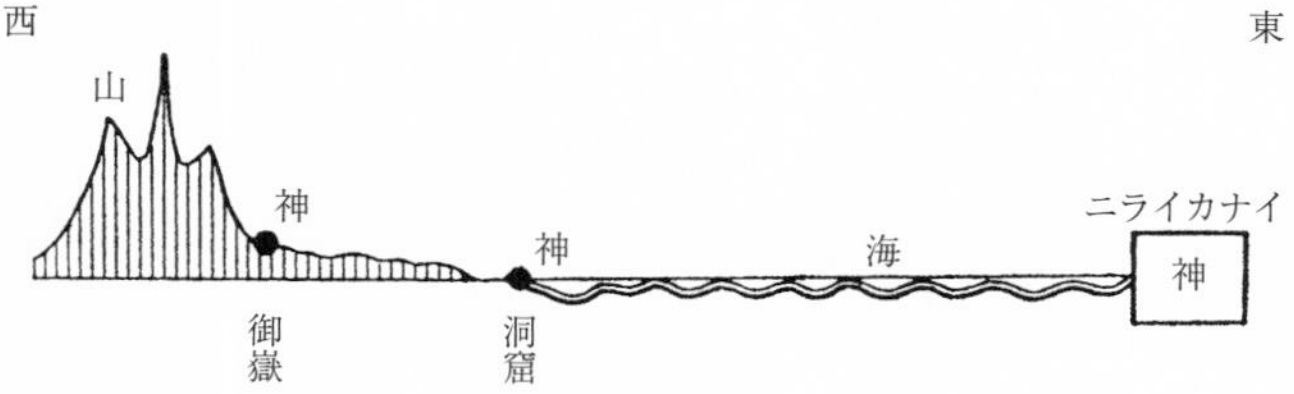

ニライカナイ

の場合にも生じるのである。

つぎに祖先の墓所が、神の現実的の居所となるというのはどういうわけなのか。それは御嶽の神が村人の祖先だからである。

それでは、御嶽の神とニライカナイの神とは別の神であるのか。人は死んでニライへ行く。祖先神もやはりもとは人で、死んでニライに住することになった神である。だからニライにおられる神と御嶽《うたき》の神は同一の神である。

しかし沖縄ではただ「神」といえばこの御嶽の祖先神をさし、別に火や水の神は外部の神として「火の神」「水の神」と呼ぶと仲松教授は説かれているがいずれにしても、神々は結局は根源の国であるニライカナイに住されるのである。

そうすると御嶽の神といっても御嶽常住の神ではなく、時あってこの世に来臨される神である。祭りの時節にこの世に来迎される神であろう。その来臨にはおのずから来臨の仕方が当然あるはずである。御嶽には神木の蒲葵という喬木がある。神はこの木を足がかりとしておりられると一般には説かれる。

はたして神はそんな簡単な仕方で来臨されるのだろうか。しかも、これではニライカナイが水平線の彼方という観念は含まれない。もちろん神の居所の観念のなかにはとうぜん、天上もあろう。しかしそれにしても蒲葵を梯子《はしご》のように足がかりとして降りられるというのはお粗末すぎる。

神の来臨はそんな簡単なものではない。神の顕現は人間の生誕から類推された。

人間の生誕から、なぜ神の顕現が類推されたのか。それにはそれだけの必然性なり背景なりがあろう。

まずその考察からはじめよう。

はじめてある場所に住みついた人にとってもっともおそろしいことはいったい何だったろう。現在の社会でも過密と過疎はいつも大きな問題となるが古代では一層切実な生存上の問題だった。過密と過疎とならべられるが、まず恐ろしいのは過疎状態だった。人の協力なしに自然に立向かって生きてゆくことはむずかしいからである。過疎は何としても克服してゆかなければならない生存上の脅威で、人口の増殖は自己保存の上からも、種族維持の上からも切実に希求されることだった。神への祈りの第一は当然人口増殖の願いであった。

元栄え
根栄え
島栄えて人多くなり

と神歌のはじめにうたわれる生命はもっとも大切な宝であり、その生命の元に対して敬虔で熱烈な信仰をもったのである。

古代の人に生命の生ずる原因の解明はできるはずもなかったが、少なくともどうすればどういう時に人の体内に新しい生命が宿るか、ということは判っていた。

それだから女性のそこに一番注意が向けられたのは自然の成りゆきであろう。注意が向けられた、というよりもその思《し》議《ぎ》を越《こ》えた働きに畏《おそ》れをいだいたのである。

古代人が考えた人間の誕生

それでは古代の人は生命の誕生の始終をどういう風に見ていたか。古代の人の目でそれを追ってみよう。

ニライカナイからの生命の種は、はるかにわたってきて男性のなかに貯えられる。つづく両性の出会い。よろこび。生命の芽生え。一定期間の狭く暗い胎内のみごもり。出生。

この筋道は彼らに至高至純の道程と思われた。この生命の芽生えから出生にいたるまでの道程を、彼らはつねに現実と想像をダブらせたイメージにおいてとらえていたのである。

これを図に描いてみると次のようになるだろうか。

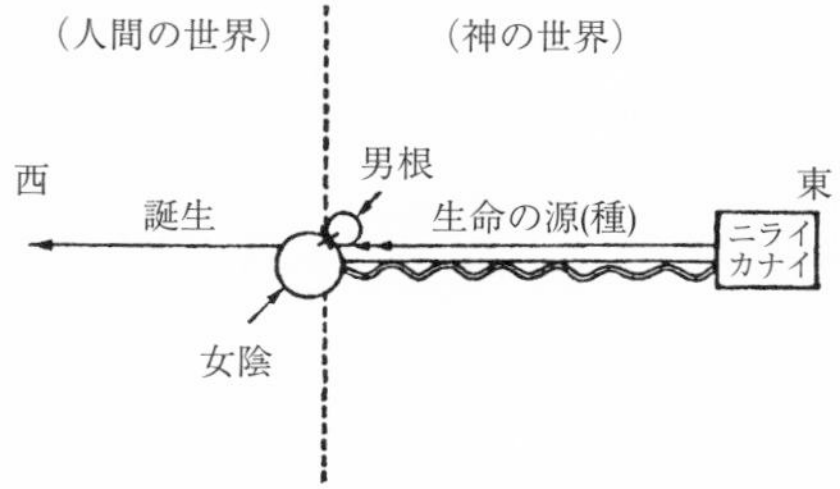

種──→遠く渡って来ること
両性の出会い。よろこび。行為　（行為）
暗くせまいところ　（処）
ある時期じっとたえしのぶ　（時間）
──→新生

右の図をもう少し具体的に説明すると、まずはじめに神によって送られた「種」の旅があり、ついで神秘な両性の出会いがある。そこには歌も舞もあったろう。伊邪那岐命、伊邪那美命が天のみ柱をめぐられたのは舞であり、叫ばれた言葉は歌である。つづく「アナニヤシ」のよろこび。

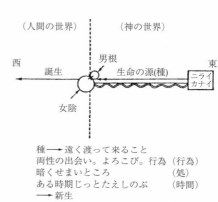

そうして芽生えた生命が、じっと暗く狭く目に見えないところにこもって、人になるまで育まれる期間。その間、新しい生命は母の体液に取りかこまれ、体液に育まれて二七五日を過ごす。それらをすべて耐えしのんでの誕生。

こうしたことはことごとく驚異だった。ニライの物の種が男性に宿り、つぎに大地にも比せられるような女性の中に宿った生命が狭さ暗さに耐えて一定期間を過ごし、新生にいたるという事実は現世におけるもっとも大事なことと思われたにちがいない。

この道筋がまた人間の「死」についてもそっくりあてはめられたのである。

古代人が考えた人間の死

「生」と「死」は相反する人間の一大事である。そこで彼らは「死」とは「生」の反対側に新しく生まれ出ること、つまりニライにかえることだと考えた。

境を異にして生まれ出る時に必要なことは何だったろう。その必要条件を彼らは思い出した。そうして誕生にみられるのと同様な環境を人為的につくり出して彼らは死者を出発させようとしたのである。

『古事記』上巻に天若日子の葬儀の模様が記されている。それによると近親によってまず「喪《も》屋《や》」がつくられ、葬儀の諸役もきまって、八日八夜、歌い舞って「殯《もがり》」をしたという。

これを誕生と比較して考えてみると、古代の弔には、遺体を安置する「喪屋《もや》」という狭く暗い小舎があり「殯《もがり》」の期間がある。そうして誕生に歌舞の歓楽があったように、死者を他方の世界に新生させるために同様の歓楽をつくす。

「懐橘談」には出雲《いずも》国造《こくそう》の相続のことが見えている。それによると父の国造が亡くなるとその遺体に衣冠をつけて正座させ生前同様に食膳を供える。一方嗣子は大門から出て十里へだたった大庭《おおば》の神魂《かもす》神社に行きここで火《ひ》継《つ》ぎの式を行なう。その祭儀が終わったという知らせとともに遺体は北門から出して葬られ、子は入れかわって酒宴遊興したという。「三年の服喪もなく、酒肉絶つこともなく悲嘆することもなし」と記されていて、その行間には筆者の驚きとも慨嘆ともとれるものがうかがえる。しかし本当に心から歌い騒いだのだろうか。

　歌舞をすることが他境へ死者を送り出す手段、あるいは儀礼と考えられてのことで、それは演技のようなものだったかもしれない。悲しみは悲しみとしてあったのである。天若日子の妻子の泣く声は風とともに天上に届いている。儒教や仏教がしみこんでくると古代の弔は解釈がつかなくなってくる。

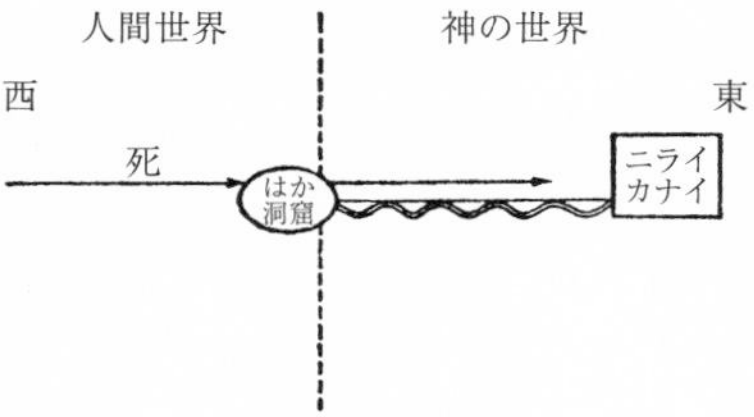

　幼児がくり返しを好むように古代人もそれが好きだった。同じ性質の事柄をスケールをだんだん大きくしたり、小さくしたりしてくり返す。ちょうど箱根細工のいくつもいくつも入れこになっている箱のように、喪屋《もや》は死んで直後につくられた狭く暗い幽処であるが、同じ考えがスケールを大きくしてそのまま「墓」にも適用された。
　死骨は海岸の洞窟や石垣の石の間、母の胎を象《かたど》った葬所、あるいは時代が降って中国から入ったにせよ、その型の基本には民族の固有信仰がうかがえる亀甲墓におさめられることになる。
以上できるかぎり古代の人の心になって、彼らが人間の生と死をどのように感じとっていたかを考えたのであるが、それが当たっているかどうかは読者の判断にまつほかはない。

一方島の自然は四囲が海であって、そこでの立役者は太陽である。沖縄では東をアガリといい西をイリという。それは彼らの目にとらえられた太陽の動きをそのまま言いあらわした言葉である。西には太陽《テダ》の洞窟《がま》があり、太陽は一定の時をそこで過ごしてふたたび新生して東から上る。穀物の種もまた異質の大地との合体という営《いとな》みをへて、固くしめつける暗黒の土の中に一定の期間を耐えて発芽する。

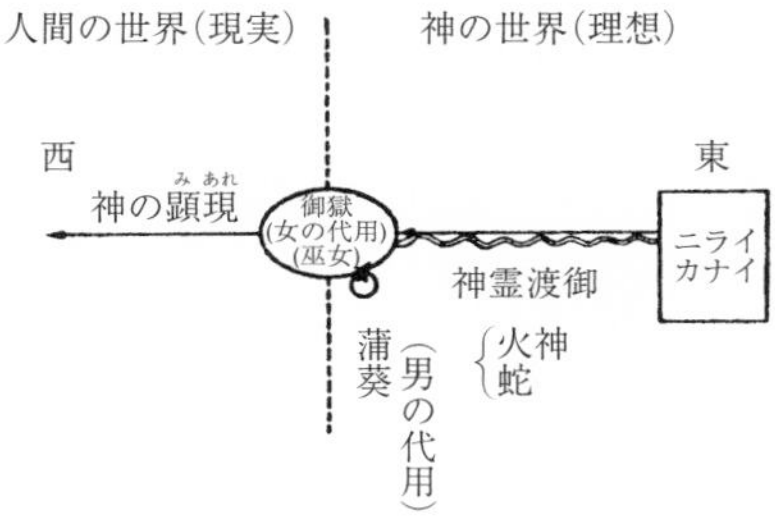

彼らにとって自分たちをとりまく現象は自然も人も一切が一つの原理によって動いているように思われた。一つの世界から他の世界に新しく生まれ出るためには、

- 異質の二つのものの合体
- 暗く緊《し》めつけられるような狭いところ
- ある期間のこもり

が必須の条件となる。

神もまた当然そのようにしてこの世に顕現されるであろう。そうして彼らはその類推にしたがって神迎えをしたのである。

今まで考察してきたことを図にしてみると上のようになると思う。

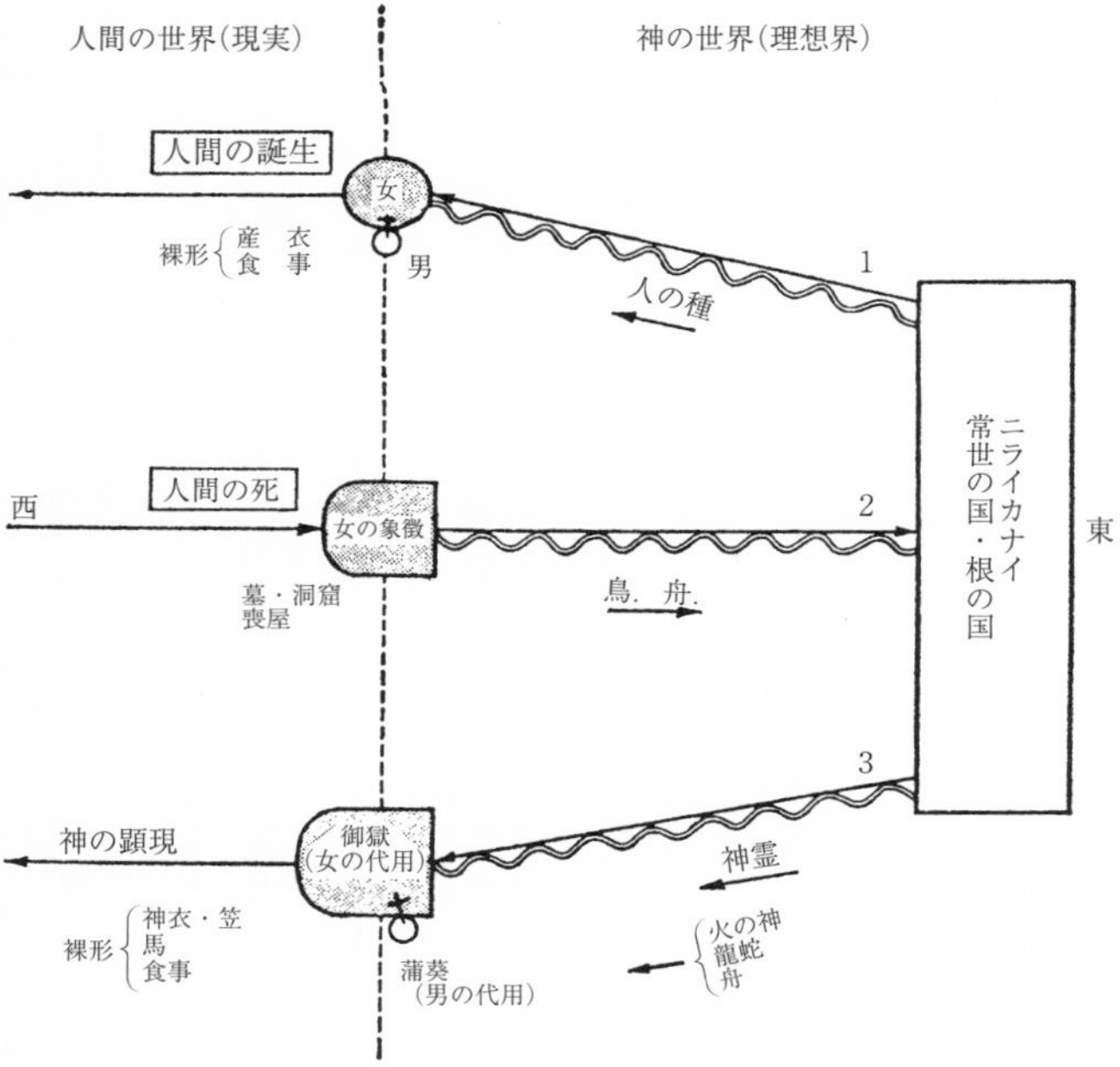

私見古代信仰の図解

人間の誕生

・常世国の種
・男女交合・よろこび・歌舞・生命の芽生(行為)
・せまく・暗い処に・一定期間みごもる(時・処)

人間の死　生と反対方向

もがり・その他
・せまく・暗い処に・一定期間すごす(墓・洞穴・喪屋)
・近親・知己が歌い舞って、飲食して彼の世に新生させる

神の顕現《みあれ》　人間の生誕と同方向

・常世国から神霊が渡られる
・人の誕生と同じく両性の交合を
{女の胎を象った御嶽のイビと
男根の象徴物蒲葵} で巫女が代行する
・御嶽という女の胎の代りの処に巫女がこもる
せまく・暗い処に一定期間のおこもり
巫女について神は顕現する

神界と人界の境をこえるためには

せまく暗い場所と
ある　期間と
男女両性交合と
歌舞よろこび
を必要とする

古代人が考えた神の顕現

はじめに神の顕現の筋道だけを追ってみよう。

神霊はニライの火の神に導かれて海を渡り御嶽に迎えられる。そこには男性を象徴する蒲葵と女性を象るイビがある。神霊は男性の種として蒲葵に憑依し、巫女の力をかりてイビと交歓する。神霊を迎えた巫女は食を断ち、苦行にひとしい厳重な忌《い》みこもりをする。母のなかに芽生えた生命が長い期間、狭く暗いところにじっと時がくるまで耐えしのんでいるように。

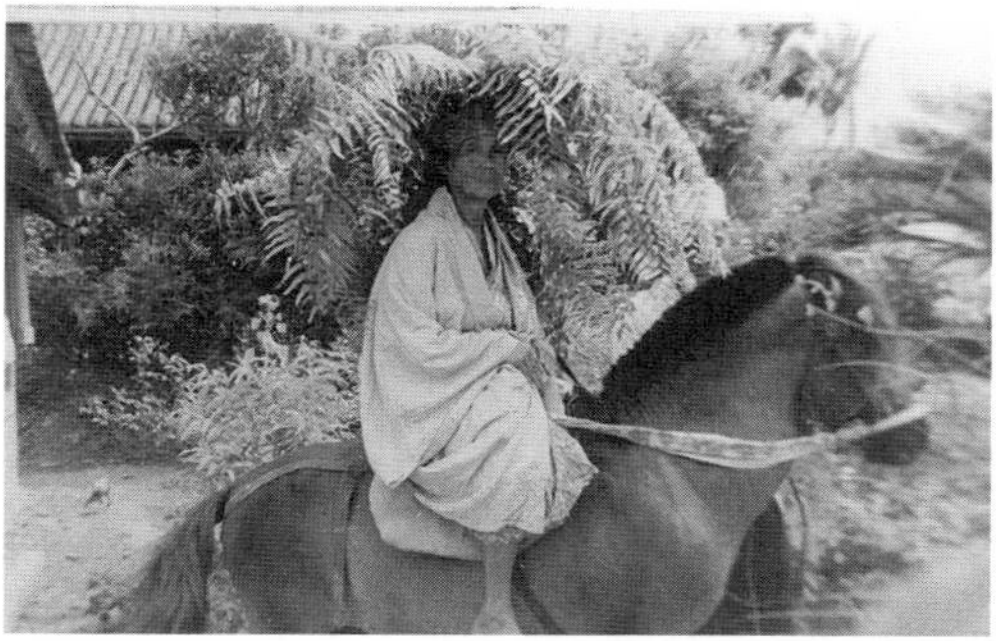

西銘（にしめ）ノロ（上江洲均氏提供）

　そうしてその時がくれば神は自《みずか》らを、巫女そのもののなかに顕《あらわ》される。新生児が裸であると同様にみあれの神もおそらくは裸形であろう。あるいは神は小児の姿をとられることもある。

　みあれの神には木の葉をあんだ笠と白の神衣が奉《たてまつ》られる。

　新生児は産声をあげて誕生を知らせる。神のみあれは鉦《かね》の音のひびきによって、かすかに遠く里人にも伝えられる。巨岩や森かげから出土する銅鐸は神のみあれを告げるものではなかったか。岩や森かげまた丘の傾斜地は神のみあれに関係のふかいところである。そこには御嶽《うたき》があったのだ。

遠い森蔭から白く小さく神の姿が拝まれるが、神をこの目で見てはならないことになっている。里に降られる神を人々はひれ伏して迎える。あるいは家にこもって迎えるのである。

これが古代の祭りだった。沖縄の島々に伝えられる祭は多種多様であるが大筋はこうだと思う。

森のなかの祭り

それでは実際に御嶽の中で祭りがどのようにして進行するのか。

御嶽における重要な祭祀はそのほとんどが秘儀であった。したがって外部のものが祭りの詳細を知ることはだいたい不可能であるが、乏しい資料の中で珍しく御嶽のまつりが記述されているのは、慶世村《きよむら》恆任氏の『宮古史伝』である。したがって『宮古史伝』が伝えることによってその秘儀の内容をうかがいたいと思う。

沖縄諸島の祭事には、その島一般にわたって行なわれるものと、各々の御嶽の由緒にしたがって執り行なわれる例祭とがある。

宮古島でも正月朔日、十五日および五月、九月に行なわれる張水《はりみず》御嶽の大祭をはじめ、二月の麦初祭、四月の米粟初祭などは島をあげての祭事であるが、コネリ祭、ノキパレ・世乞《よこう》神祭・祖神祭などは特定の御嶽や地域で行なわれる。これらをみな紹介することは長くなるのでコネリ祭・祖神祭の項だけをとりあげよう。

コネリ祭

これは中世まで外間御嶽《ほかま》で行なわれた。その様式は根所神司《ねどころかむつかさ》二十五人でとり行ない、その一人は中央の台の上に西方に向かって坐し、名蔵《なくら》双紙のアヤゴを唱えると、残り二十五人はこれに音頭を合わせて周囲を立ち回わり、アヤゴに拍子を合わせて鼓を打ってはやし立てた。このマツリは十三年回りに一度、九月中に十三日間行なわれた。その装束は皆白無垢の神衣を着し、中央の司は白鷺の尾羽で拵えた冠をかぶり、周囲の司は雞の羽毛で拵えた冠をかぶった。十三日の最後の夜は、神衣を脱ぎすてて裸体となり、神前で笑《えら》ぎどよめいておどり、これで神も人もともに悦に入った、となして祭りを終わった。その躍りを「マユニ」といい、その裸体となることを「顕《ばる》身《み》」といった。

祖神祭《うやがんまつり》

この祭りは上代には裸体のまま神山に入って、七日間断食して祀ったという。俗界を離れ、衣を脱して素肌もあらわに、断食して神に祈りを捧げる、ということは最も純潔なるものとされたのであろう。この祭りは今なお神聖なものとして、狩俣《かりまた》や島尻《しまじり》等の邑《むら》に行なわれている。すべて女人が世襲的に行なうべきものとされている。今も最後の夜は裸体になるところもあれば、衣の前をはだけ出すところもある。そして山奥深いところや、浜辺などに行ってクナブリの真似をする。（クナブリは宮古語ではフナグという）それをもって神人共に最上のえらぎよろこぶ心とし、誠心誠意の表現とされている。このところを男がみたら神罰が当たる、といって厳禁されている。（クナブリというのは性交のことである）

宮古島島尻村のウヤカン（現人神）

神フサをかぶってムト（根本）のミナカ（庭）にて円陣を作り、２～３時間にわたって行なう。（岡本恵昭氏撮影）

この記述は秘事とされている祭りの一端がうかがえる貴重な資料であるが、祖神祭《うやがんまつり》のごく一部を伝えたものでこれだけだと一部が強調されて読者の誤解を招くおそれがある。この祭りがいかに厳《おごそ》かで苦行を伴ったものであるかを伝えるために宮古島の名刹祥雲寺の住職で民俗学者の岡本恵昭氏からよせられた実録の要旨を次にあげる。

「宮古島の狩俣《カリマタ》村・島尻《シマジリ》村につたえられる祖神祭は旅の神の信仰にもとづいて古来から絶えることなくつづいた先祖神祭であって、村の繁栄を祈る神事である。それは年五回、冬期に吉日を選んで五日・三日・三日・四日・五日というように森の中につくられた小屋に山ごもりする。これを行《おこな》うものは「村の元《ムト》」の女神職十五人である。祭事中は塩だけをなめて水も食物も一切口にしない。その苦行の中で村の発展を祈るのである。この森の中の神事は他見を許さぬタブーの中にある。山こもりを終えるとこの現身神たちは里に下り神歌を唱えて先祖の屋敷あとや「村の元《ムト》屋《ヤ》」などを巡拝し、また田畑の豊作儀礼も行なうが村人は祖神をみると死ぬ、といって山下りされた神（つまりみあれの神）の行列にはタブーを守って外出しない。この山下りの神々の衣裳の腰には蒲葵の葉を裂いたものを前結びにしてつける。これを「神の羽」といってこの神羽《カンバネ》によって神の天降りが実証されるのである。」

腰の辺りに蒲葵の葉を結ぶということは本島の祭事に巫女が蒲葵の「タモト木」を腰宛にして坐るということと共通した考えがうかがわれる。

祖神の山下り

ムトのミナカにて神フサをたかめるため行列をする。手にする補助杖はジークスと呼ばれる。黒木でこれが霊力を持ち、神々の道を開き悪霊を追い払う。白浄衣に着流しは神役。（岡本恵昭氏撮影）

巫女の祈り

明るい春のひる下がり、ひとり御嶽《うたき》のイビにはいり込んでじっとしていると何ともいえず空しい思いがする。神は不在なのだ。空しさはそこからくる。

御嶽のつくりはそれぞれに違う。海に近い野原の中で、木も灌木ばかりで日がイビの中に直射するところもあり、山裾の鬱蒼とした樹木にかこまれた御嶽もあればまた里に近くありながら見事なデイゴや榎の巨木のためにイビの奥までは日の届きにくい御嶽もある。一つとして同じ嶽はないが、

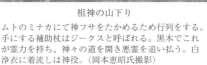

石垣市宮鳥御嶽

丸く石にかこまれたイビをもつことと、木があること、これは絶対に共通である。

御嶽のイビは聖所ではあろうが本来生命のない沙庭である。生命のない象徴物にすぎないところを霊的な世界と化し、神を降臨させるのはまったく巫女の奮闘によることで、巫女の肉体的精神的の苦行、祈り、精神潔斎といったものによってそこは神のみあれの場となるのである。

神のみあれは人の生誕になぞらえられた。人の生誕は複雑である。男女両性と新生児の三者が関係する。そこには事前の男女のいとなみがあり、胎児のこもりがあり、母の生みの苦しみがある。この三者のそのときどきの営み、苦しみを巫女が代行し、神をこの世に迎えようとするから巫女は大へんなのである。神を顕現させること、つまり祭りを果たすことは巫女のつとめであるが、その務めは生やさしいものではない。

「着物を脱ぎすてるのは誠心誠意をあらわすた

め」と解釈されるがそれは後世の人の解釈であって、誠心誠意は結果としてそうなるので、目的とされているものではない。神をよろこばすとか、神に誠を披瀝するというのは神を自分の外に置いて考えている信仰である。

日本の古代信仰は幼児のままごとにもたとえられるような純粋行《じゅんすいぎょう》である。ままごとをする幼児は自分たちがいつかはなりたいと思う大人たち、お父さんお母さんに自分たちがなり切って木の葉を刻んだご馳走をたべている。たべる真似をしている。そのご馳走を本当の両親をよろこばそうと思ってそこへ運んでいったらもう本当の純粋なままごと遊びではなくなる。そのものになり切ること、それが遊びである。

脱衣も、クナブリの真似ごとも人の生誕になぞらえて神のみあれを実現させようとする巫女の神《かみ》態《わざ》であり神遊びである。必死の祈りが人の生誕を擬《もど》く行為となり、きものを脱ぐことにもなるので、誠心誠意はまつりの進行過程のなかに自然ににじみ出てくるものである。それは目的とされたものではない。

神を降臨させること、つまり、まつりは巫女の身心の奮闘によってなしとげられる。人の生誕は「性」にふかく関係する。それを擬《もど》くのだから当然秘儀となろう。

私にはこういう素朴な宗教心がなつかしい。巫女たちの必死の緊張のうちにこそ神は顕現される。理屈も何もない純粋行、それは単純な性器崇拝ではない。この本が興味本位に読まれるとしたら辛いことだ。これは私どもの祖先の連想好きでひたむきな性向から生み出された信仰であって、その祭り執行の純粋さは他のどこの民族の祭儀に比してひけめをかんじなくていいものと思う。その心理過程はそのままうなずけるし、もし巫女として生まれついたなら私もまたその祭儀を身体をはって執り行なったろう。その純粋さの中にこそ神は顕現されるのである。

誠心誠意を神に披瀝するために着衣を脱するというのと同じような間違った解釈が精進潔斎ということにもなると思う。

精進潔斎という言葉には、祓いきよめと忌みこもりの二つの意味があり、忌みこもりというのはおそらく母の胎内にいる子が二七五日間、暗くせまいところにじっとして飲まず食わず耐える、そのもどきを意味すると思う。忌《い》み籠《こも》りに入ると祭祀者はひげもそらず理髪もせず爪も切らず、ほころびも縫わず、一切の音曲を停止する。それは胎内の生活の類推からであろう。忌《い》み籠《こも》りというのは普通の清潔の観念とは相反する場合がむしろ多い。『魏志』倭人伝に伝えられる持衰《じさい》の話など、このような解釈をしなければ解けない謎になってしまうのではなかろうか。

新生は母の胎内にこもることを前提とする。その胎内にひっそりこもることを擬《もど》くことは神顕現の手段となり、また物事のやり直しの手段ともなった。いろいろ悪いことが重なったために、天照大神はもう一度出直しをされるために岩屋《いわや》にかくれられたのである。こもること、できるだけ暗くとざされたところにひっそりいること、なにもせずにただ母の胎内のようにせまく暗いところにじっと辛抱していることが新生への条件と考えられた。それは神のみあれの条件の一つとされたのである。

今つかわれている精進潔斎という言葉には、清潔にするという意味が不必要なまでにつよくこめられている。清潔にするならばなぜ理髪、ひげそり、爪切をしないのか。矛盾する話である。それは清潔という観念からはほど遠いものである。精進潔斎は母の胎内にはいることを擬《もど》くものであって、そのためにはその母を傷つける刃物類を使わぬこと、暗くせまいところにひたすらじっとしていることが大切なのである。もちろん神霊を迎え、これと合一するにはふかいつつしみ、畏れが必要であり、そのために自身を清く保つことが神の顕現《みあれ》を実現する必要条件ではあるが、それは今日の意味での清潔にすることではない。

これは私の本当の推測であるが、おそらく女人の月の障りが忌まれたのは次の理由からではなかろうか。月の障りをみることは妊娠していない状態をあらわす。それでは神の顕現には差しつかえる。母の胎内が神の顕現の擬《もど》きとなるのだからそんな状態ではみあれは期待できないのだ。それだけの理由だから、本来月の障りそのものには不浄の感じはなかったのではなかろうか。古昔、竹富島の乙女は最愛の人にその血液でそめた手サジを贈ったという。そういう風習もその一つの例証とはなりえないものか。多くの方のご批判を願いたいのである。私の想定しているのは原始の人の考えたところである。時代が降るにつれていつしか本来忌んだ理由が忘れられ、不浄の観念がつよく打ち出されてくるようになったのではないかと推測している。

第七章　大嘗祭の蒲葵

大嘗祭

悠紀主基の田の　新稲《にひしね》を
御食《みけ》と捧げて　皇祖《すめろぎ》に
在《ゐ》ますが如く　仕《つか》へます
御代の初めの　大御典《おほみのり》

　祝へ　祝へ　いざ祝へ

この歌はいまの天皇のご即位の大礼と、それにひきつづいて行なわれた大嘗祭《だいじょう》を祝った国民歌の一節である。昭和二年の秋、そのころ小学生だった人には覚えがあろう。この前節でたしかご即位をうたっているが、それは忘れてしまったのでかき記《しる》せない。

とにかく大へんなお祭りで文字どおり国をあげてのお祝いだった。それでこの歌もいまだにはっきり覚えているのだと思う。

大嘗祭は厳密には践祚大嘗祭といわれるもので、毎年の新嘗祭とは区別される。

大嘗祭は天皇即位の後、はじめてのその年の新穀で、天照大神をはじめ天神地祇をまつり、自らもこれを食せられる祭りで、神事中最大のもの、諸祭祀の中で「大祀」といわれるのはこの祭だけである。天皇ご一代に一度の大祭なのである。

皇室典範が制定されてからは、即位終了後その年の秋冬の間に、京都で行なわれるようになったが、それまでは中古以来、即位が七月以前ならその年に行ない、八月以後なら翌年行なう例であった。

大嘗祭は十一月中の卯の日にはじまって、午の日で終わる。つまり四日間にわ

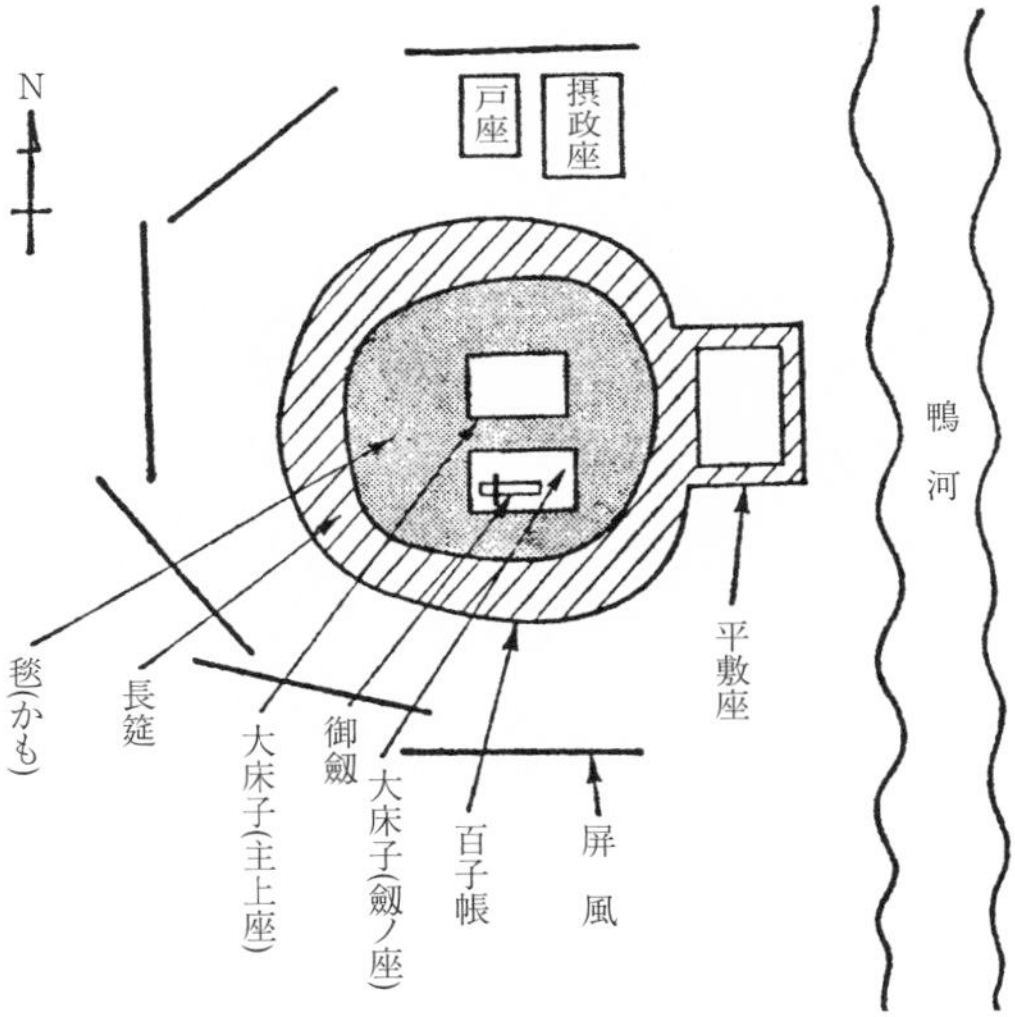

東御禊幄想像図

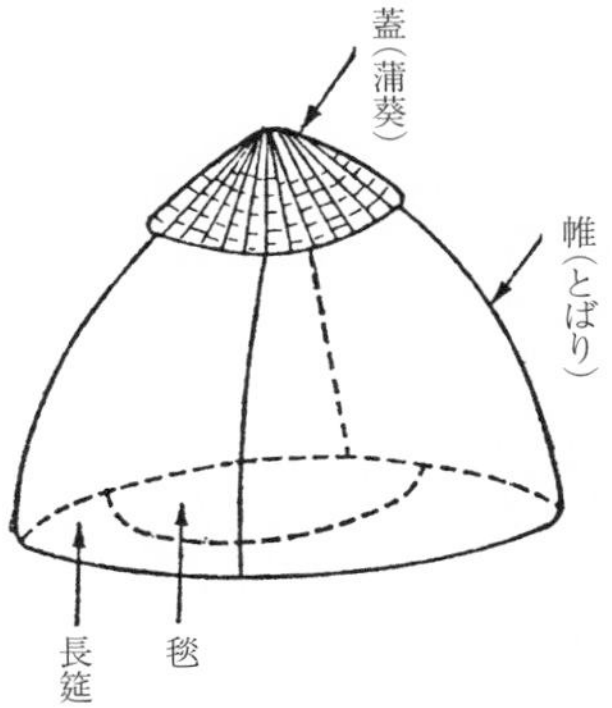

百子帳想像図

たって執り行なわれる祭事である。

百子帳

この祭事に先行すること約一カ月、十月下旬に天皇みずから川原に幸して、禊《みそ》ぎ祓《はら》いをされるならいがあり、これを「御禊《みそぎ》」といった。

百子帳はこの「御禊」が行なわれる川原の頓宮《かりみや》の中に設けられる天皇専用の禊ぎのための仮屋でその屋根を葺くのに蒲葵がつかわれたのである。

河原の御禊地

御禊はいまいったように河原の御禊所地で行なわれるが、その地は前もって卜定される。河原ならどこでもよろしいというわけではなかった。

御禊の地は、平城天皇（八〇六―八〇九）は葛野川、嵯峨天皇（八一〇―八二三）は松崎川、淳和天皇（八二四―八三三）は佐比《さい》川で行なわれたがその間近江、大津でも行なわれた。

仁明天皇（八三四―八五〇）以後は鴨河で行なわれたが、東山天皇（一六八七―一七〇九）の貞亨以後は河上の行幸を廃して清浄殿の東庭において行なわれることになった。

河原の頓宮

仁安三年（一一六八）の大嘗祭を記した『兵範記』によれば、その河原の頓宮の規模は、東西約一二〇メートル、南北およそ一三五メートルの地所の南西北の三方に大幔幕をはりめぐらしたものだという。

東側は鴨河に臨み、東側だけは幕をひかない。あけてあるわけである。この河に臨んで部屋が二棟、東西に建てられた。

これが御禊幄《おんみそぎのあく》で、この東の御禊幄の中央に百子帳がしつらえられた。

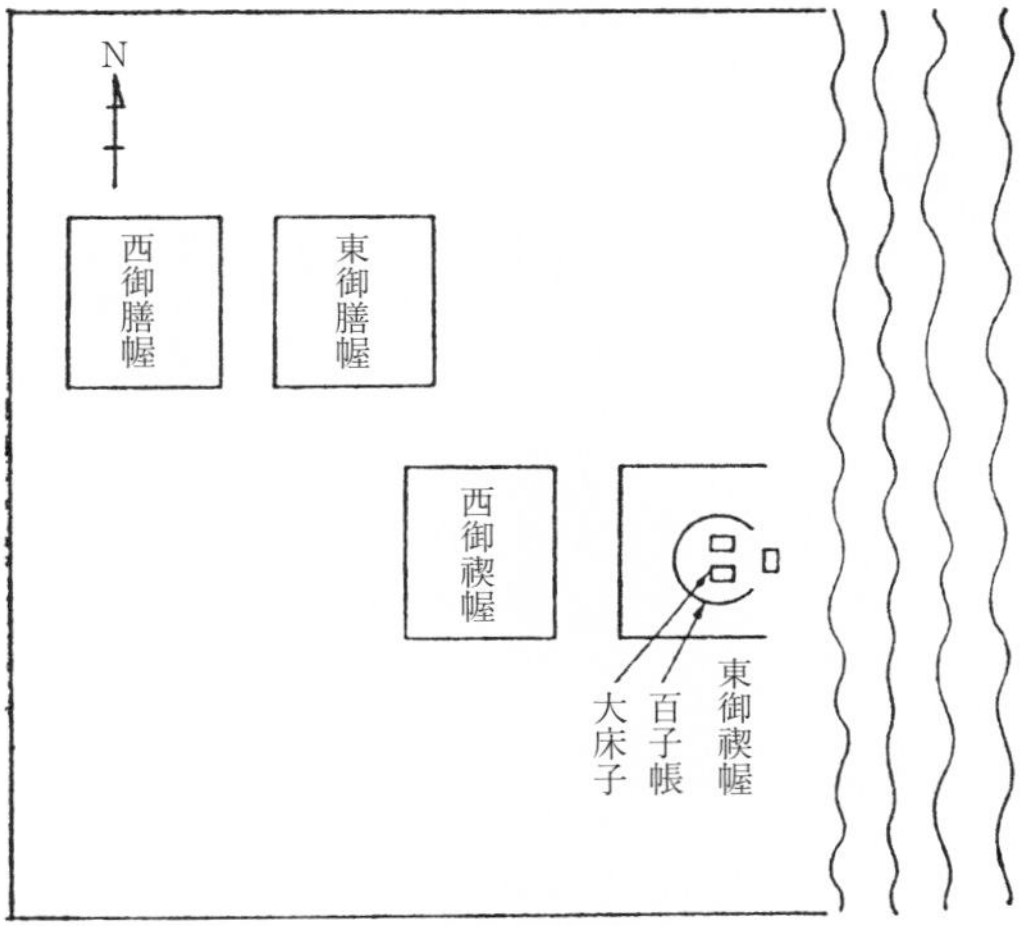

河原頓宮想像図（右側の波線は川）

御禊幄のほかにこの頓宮の敷地の中には、御禊幄より九メートル西寄りに、御膳幄《おもののあく》といわれるものが二棟できていた。

御禊の行幸

御禊の当日は節旗を先頭に文武百官が鳳輦《ほうれん》にしたがい、行裳は他の行幸にまさって威儀をつくろい、華やかにさかんなものだったという。その沿道には桟敷が設けられ、院宮から庶民にいたるまで観衆は道にあふれ、大へんな観物《みもの》だったようである。

以下はその行幸の次第、百子帳のこしらえ、御禊の模様についての記述、『代始和抄』の御禊行幸記事からの抜書きである。

「……およそ此行幸に供奉の百官装束馬鞍已下、よのつねの行幸にかはれり、鞍にも杏葉《ぎよえふ》といふものを付るなり、兵庫寮その時刻にいたりて列陣の鼓進鼓行鼓などを打《うた》しむ前後の行列をみだらざらむ為なり、御輿は鳳輦《ほうれん》也。河原頓宮にいたりては、まづ御膳幄に御輿をよせて下御ならせ給ふ、これより腰輿《たごし》にめされて御禊の幄にうつらせ給ふ、主上は百子帳の内の大床子に著御し給ふ、百子帳といふは檳榔《あぢまさ》をもて頂をおほひて、四方に帷《とばり》をかけて、前後をひらきて出入するやうに飾りたり、其中に毯代《かもしろ》をしきて大床子《だいしやうじ》を立たり、この床子につかせ給ふ也、……主上御手水《おんてうず》の事あり、主水司これを供ず、其後大床子のまへの平敷の御座にうつらせ給ふ、神祇官御贖物《あがもの》を供ず、宮主解除の詞を奏す、これすなはち御禊の義也」

百子帳について『兵範記』の記述はさらにくわしく、

「蓋二茸檳榔一、以二紅梅色絹一為レ裏、其廻懸二麹塵立涌雲綾帷六帖一、其内敷二満長筵一、其上敷二紫織物毯代一、其上立三平文大床子二脚一、其上敷二高麗褥二枚一、其上敷二東京錦茵一、大床子前敷二赤地錦毯代一、其上敷二東京錦茵一、百支帳南西北立二廻大宋御屏風六帖一、其内百支帳北腋敷二両面縁畳一枚一、為二摂政御座一、……」

と記されている。百子帳の上は蒲葵で葺かれ、麹塵立涌雲綾模様《きくじんたてわくうんりよう》のとばりをたれ、そのなかには長筵《ながむしろ》を一杯にしきつめ、その上の紫のじゅうたんのような敷物をしくわけである。

百子帳の内部には背当てのない椅子二脚をすえ、その上には錦の茵をしく。この椅子の前方には赤地錦の敷物をしいて、その上に錦の茵をおく。なおこの大床子とよばれる椅子が二つおかれているわけは一つは天皇が坐られ、一つには御剣がおかれるからである。

百子帳のまわり、南、西、北には屏風をひきめぐらせ、その屏風の内側、北寄りには縁畳一枚《まい》をしいて摂政の座とする、と説明されている。

それでは百子帳そのものはどのようだったか。絵図が残されていないのではっきりしないが、『延喜式』三十巻掃部寮のところにみえる注や安斎随筆の記述から察すると、百子帳の格好は子供用のほろ蚊帳のようなものを考えればいいようである。『延喜式』の注にはこうかいてある。

「百子帳というのは丸栗の片腹をくりぬいたような形をしていて、高さは二メートル余り、直径は二メートル位で上から錦や絹の帷を垂らしたものである。」

百子帳は実際にはどのように使用されたか、それを知るために正安三年（一三〇一）『大嘗会御禊記』の百子帳に関する記録を要約してみよう。

「百子帳は御禊幄の東屋の中央に東向きに立てられる。四周に帷《とばり》をかけるが、東に面する帷は巻き上げられている。西の帷は縫目がなく、天皇はこの西の帷から百子帳の中にはいられる。」

そこで最後に御禊の次第をもう少しくわしく、使われる方位のことなども併《あわ》せて諸記録から抜いてまとめてみると次のようになる。

「天皇は河原の仮宮におつきになるとまず御膳幄にはいられる。その際は幄の南を経て東からである。

やがて天皇はお輿に召しかえられて、御禊幄に赴かれ、その東屋中央の百子帳に西方からおはいりになる。百子帳の中の大床子に一度つかれてから、百子帳前の平敷の座にうつり、ここでお手水のことがある。そのとき主殿官人は百子帳の外の南西の屏風から参入する。次に御巫《みかんこ》が幄の南をへて東方から入って天皇に撫物をすすめると御気をこれにかけてお返しになる。これが御禊である。」

天皇といえども東面してたてられている百子帳の東方からは帳内にははいられない。西の方からはいられる。そのためにわざわざ百子帳の西の帷は縫合されていないのである。

東方を使えるものは天皇に撫物《なでもの》をすすめる御巫《みかんこ》だけである。これらの童女は聖別されたもの、神に代わるものという考えがもたれている。

戸座《へざ》について

『延喜式』巻五　斎宮式をみると年料供物として、

絹七十二疋五丈五寸。長絹十五疋……（中略）……檳榔葉二枚。（戸座所料）……とみえている。

戸座所は伊勢の斎宮寮において祭事の御膳を炊いだと考えられるところである。

檳榔葉二枚、とかかれている前に銀鍋、銀匙、銀鋺、銀盞、などがならべてあげられている。つまりいろいろの食器類と併記されているから、蒲葵は食器の一種として使われたのであろうか。沖縄では古来蒲葵の葉はそのしなやかさのゆえに、浅井戸の水を汲む桶として、皿として、食器として多様に使われた。しかし器物になるよう蒲葵を細工して使うのは生《なま》蒲葵に限られる、団扇は別として折りまげたりあんだりするのは生《なま》のときに限る。当時は瀬戸内海の島にも蒲葵があったかもしれないから、生の葉を手に入れることもあるいは考えられるが、『延喜式』でみる限り、蒲葵は九州から貢されている。白く乾燥された蒲葵は食器としては皿ぐらいには加工できようが曲物が乾燥した葉から作れるとは思われない。とするとこの葉二枚は御膳を煽《あお》ぎさます料。つまり団扇であろうか。それとも団扇としても御膳でなくカマドの火をあおぐ料であったのか。

戸座が祭事に際してこれを手にすることも考えられるが、食器と併べてかかれている点からこの考え方は少し無理だろう。

それでは戸座《へざ》とは何か。

戸座については伊勢神宮の宇仁一彦禰宜にくわしいご研究があるので、それにしたがって説明させていただきたい。

戸座は神祇官に属し、七歳以上婚期に達するまでの童男で、卜定されることを任用の条件とするものであった。その職掌は朝廷のカマドに侍することで、したがって戸座は御代の交替、大嘗祭に際して新に卜貢された。

戸座の初見は「類聚三代格」に見る天平三年(七三一)の勅である。また「宮主秘事口伝」に文保二年(一三一八)の大嘗会御禊行幸に際し供奉すべき阿波国卜貢の戸座が上洛しなかったとみえているから鎌倉の末まではつづいていたかと思われる。

伊勢神宮の祭祀構成は朝廷のそれに準じていたから、斎宮にも同じく所属の戸座があり、やはり斎宮の新任につれて特定の郡の豪族から選ばれた。

戸座の身分はけっして高いものではないが、よほど神聖視されていたらしく男帝の場合は阿波国、女帝の場合は備前国、皇后供奉は備中国と貢進すべき国の定めまであって部民の範囲にも定めがあった。戸座は海部《あまべ》のなかから卜貢されたようである。

御禊と神霊

御禊の儀をみているとその中に一貫してながれているものが感じられる。それは天皇の即位を、神のみあれ、になぞらえているということ、その気持がはっきりうかがえる。

天皇の即位は新しいみ代のはじまりであり、新しい天皇の誕生である。天皇は祭政を統一べられ、本土においては最高の司祭者である。その天皇の即位が神のみあれになぞらえられることは当然すぎるほど当然である。

神のみあれに不可欠の条件は、

　神霊の渡来
　神霊との交歓
　こもり

であった。

御禊は渡来の神霊を享《う》け、これとの交歓の段階である。したがってみあれに先立つもっとも重大な祭事であり、その行幸の行装が厳《おごそ》かでしかも華やかであったこともうなずけるのである。みあれはその前提条件として御嶽での神霊と地母霊の交歓を必要とした。したがってそこには御嶽と同じ性質のものが必要となる。

御嶽と同じもの、それが百子帳である。百子帳は丸栗の片腹を穿ったようなものという。その形をしたものを地上に伏せれば帳の下は円形をなすはずである。御嶽のイビは石で丸くかこんだところであった。御嶽のイビと同じものができる。そこに筵《むしろ》をしきつめる。筵《むしろ》は御嶽の白砂の代り。御嶽の神木、蒲葵の代用としてはその葉が頂きに葺かれた。これで御嶽の小型な象徴物が出来上がったわけである。

神霊はつねに東方から渡来される。神々は東方の海の彼方、常世の国、ニライにおられるからである。

御嶽の神事につよく感じられることは東方の重視である。

東方の重視

河原の頓宮については前にも述べたが、まず頓宮そのものが東方に向かってひらかれている。頓宮の中に東西に、「御膳幄」と、「御禊幄」がたてられるが、その各々にも東西の別があった。

御禊幄は御膳幄より東寄りであるが、その御禊幄の中でもまた東の御禊幄の中央に主上専用の百子帳というものが設けられている。

百子帳は四周に帷をたれたものであるが、東方に限ってそれは巻き上げられている。

百子帳の回りには六曲の屏風がたてならべられるが、それも東方は開けてある。東方はすべて解放されているわけである。

東西の意識

大嘗祭における悠紀主基《ゆきすき》の田、殿舎、御饗《みあえ》、同様、御禊においてもその大元になるところには悉《ことごと》くといってよいほど、東と西の二元が求められている。

そうして御禊においてはことに東方が重視されている。重視という言葉は当たらないかも知れない。というのは御禊の儀がもつ意義から必然的にそうなったと考えられるからである。

御禊は東方の神霊を迎えて、主上の身に受けとられることを意味し、それはみあれの前提となるものである。

『永和大嘗会記』は御禊の始終をかきしるした後に、

「けふより天皇群臣みな神斎を専にして、大嘗会の経営昼夜おこたりなし」

と感慨ふかげに筆をおいている。神霊をうけられた天皇を中心に「神斎を専らに」一カ月をこもってみあれをまたれるのである。

この場合は神霊を迎えるのが第一義であるから東方が格段に意識されるわけである。

東は神界、神霊、種

西は人界、地母、胎

をあらわす。したがって、みあれの段階となればその場を提供するところがより意識に上《のぼ》せられよう。神社における上社と下社、宮座における上の頭屋と下の頭屋はこの東方の世界と西方の世界の観念から生み出されたものであろう。

天皇と百子帳

百子帳の中には大床子が二つ用意されて、その一つに御剣が奉安される。この剣の意味であるが、主上の御守りともとられよう。けれどもこの御禊のしつらえ全般をながめる時、ことごとく東と西の対照をなしているので、そのことから考えるとこの剣は男性の象徴、神霊の象徴とされたものではないかと思う。剣の置所にも秘説があって大床子の東南方におかれるということからもそう解釈される。

そうすると百子帳の中における天皇はどちらかといえば女性の性格をもたれるわけである。

日本の祭祀は本来は女性が主祭すべきものだった。しかし本土では男性が祭政の権を掌握して女性を祭祀の座から追ってしまった。そうして天皇が本来女性であるはずの主祭者になっておられるのだから天皇の中に女性的な性格がふくまれるのは当然である。しかもなお男性の天皇では祭りおうせないところも意識されて、それを斎宮が負うて伊勢を奉斎されたのである。便宜上男性が主祭者になっているのでまたその身代わりに女性が立つということでまことにややこしいことである。

沖縄はこれにくらべると古代をのこして、女性がそのまま主祭者であるから祭祀形態が一本にまとまって本土ほどややこしくはない。

なぜそんなことになったのか。本土は南島に較べてはるかに物資も豊富、土地も広く、繁栄発展をとげた。その発展途上というのは激烈な闘争と同義語であろうが、早く神代に近いところで戦闘に勝ち国土経営に成功したほどの部族の長《おさ》は政権ばかりでなく祭祀権も同時に手中に収めてしまった。男性と女性の力の差が南島とは比較にならぬほど大きいために、必然的にそうなったと思われる。また神威が今とはまったくちがって現世を蔽《おお》っていた時代には、その司祭権が女性の手にあることは行政面からも問題がいろいろあったと思う。それだから祭祀権を女性から奪った男性を一概に横暴ときめつけるわけにもいかないが、とにかく日本の神のみあれの論理からいえば、祭祀は本質的に女性にゆだねられるべきものであった。その辻褄をあわせるために男性は次々と複雑で面倒な手続きを考え出した。辻褄をあわせるというとさしさわりがあろうが要するに男性の主祭では当然断層ができるところを神聖な童女、童男などで埋めている。あるいは女装をさせるとか頭人の妻で間にあわせる場合もあり、木のつくりものを使う場合もある。

簡単な説明ではあるがこれが日本本土の祭祀の本当のところだと思う。

話が横道にそれてしまったが、百子帳の内側は御嶽のイビに当り、百子帳の帷《とばり》はイビの帯綱、神社の瑞垣《みずがき》に当たる。百子帳をとりまく六曲の屏風は御嶽の裾回り、神社の玉垣に相当するかと思う。天皇が撫物（人形《ひとかた》）に息をかけられる平敷の座は御嶽のイビの前《ミヤー》（庭）であり、神社では拝殿に近いところになろうか。

ここで神霊をうけられ一カ月の斎《いみ》の時期の後に、大嘗祭において神としてみあれが成就する。しかし神霊をうけられた段階においても、人間界の火によって調ぜられた食物をとられることによって神霊の定着が確かめられるので、御禊をおえられた天皇はこのあと、御膳幄に渡られて御膳をあがり、ここで御禊の儀が完了するのである。

御膳幄は御嶽の「神あしやげ」に当る。ここはみあれの神に人が食を奉る場所となっている。

戸座と百子帳

「宮主秘事口伝《みやじゆひじくでん》」によると戸座は御巫《みかんこ》三人とともに、前述の百子帳をとりまく屏風の内側、百子帳の北の関白の座の近くにいるようである。

「行事に所役があるのではないが、いわば一等席において御禊に与《あずか》っているのである。戸座の供奉は供奉すること、そのことに意味があると見なければならない。」

と宇仁一彦禰宜は記しておられる。戸座はそこにじっとしていること、それに意味がある、とは一体どういうことなのか。それは考えてみなければならない。

戸座の役目

戸座の御禊における役目とは何であったか。

戸座《へざ》の「戸《へ》」はカマドを意味する。大戸比売神《おおべひめのかみ》はカマドの神、カマドの神は火の神と同義である。沖縄では一般にカマドは火の神のご神体とされ、カマドか三つ石が火の神としてまつられる。火の神は家をまもる神とされるがその家とは親から子へ、子から孫へと伝世される「家」ではなく現在そこにある家である。火の神は家をまもり、その家の主婦によって斎《いっ》かれる。したがって主婦が亡くなるとカマドは更新されたのである。これが古い風習であった。

火はニライの神である。沖縄ではまた七日間、夏冬をとわず産室に火をたやさない。その火はおそらく新生児がニライから渡ったことの「証《あか》し」となるものであり、同時に新生児を守護するものであろう。

朝廷においても沖縄の火の神に対する観念にまったく合致するものがみられるのである。つまり内裏の内膳司には平野神、庭火神、忌火神の三所のカマドもあったが、天皇が退位されて院におうつりになると、内膳司からその天皇の御在位中の竈神《かまどかみ》は（つまりカマドは）院の方へ渡御され、新しい天皇のために新しく竈神がまつられることになる。このことは『葉黄記』の寛元四年四月の記事、『日本紀略』十三長和五年六月の記事など諸所の記録からうかがえるのである。

要するに火の神の霊力は沖縄と同じく、天皇の場合にもそのご一代に限るのである。

さて戸座は神祇官に属するから神祇官から奉斎される忌火・庭火の神のカマドにかしずくかと思われるが、戸座がここで御飯を炊くとか、火をきり出すとか、御膳を調進するという記事はどこにもない。

現在の家を守護する、という火の神に対する観念は本土にも沖縄にも共通であった。そうすると沖縄において火が新生児のニライからの子孫であることを証する「あかし」となったことも、同様に本土でみられることにちがいない。

これといって特別の用事もなさそうな戸座の役目こそ、この「あかし」の役ではなかったか。戸座は火の神の神聖な代理だった。けっして高い位のものではなかったが卜《うら》にかなうものでなければならなかったのだ。

この戸座とよばれた神聖な童子が蒲葵を何に、どのようにして使ったのか、それは私の一番に知りたいことである。

第八章　ミテグラ

「クラ」という言葉

『古事記』上巻記載の神名の中に、

(一)　天之闇戸神　アメノクラドノカミ
(二)　闇於加美神　クラオカミノカミ
(三)　闇御津羽神　クラミツハノカミ
(四)　闇山津見神　クラヤマツミノカミ

といって「クラ」を冠せられた神々がある。「クラ」という言葉がこの神々には共通してつけられているのであるが、この「クラ」を取りはずして、この言葉以外にこの四神に共通すると思われるところを取りあげて考えてみると、「クラ」が何を意味する言葉なのか、判るのではなかろうか。

はじめに四神の所生と、その掌《つかさど》るところをみると、

(一)　クラドの神は、大山津見神《おおやまつみ》と鹿屋野比売神《かやのひめ》、つまり山の神と野の神の間に生まれられた神で、

谿谷《けいこく》をつかさどる神である。

(二) のクラオカミノカミと、(三)のクラミツハノカミはともに伊邪那美神の死因となった火の神、迦具土神を伊邪那岐神が斬り殺されたとき、御刀の柄に集った血が手の股からもれ出たときに所生された神で、二神とも谿谷の水をつかさどる神である。

(四) のクラヤマツミノカミは殺された迦具土神の陰《ほと》から所生された神で、谷山をつかさどる神といわれる。

この四神に共通する点は、

1 いずれも谿谷をつかさどる神である。

2 四神のうち三神までが殺された迦具土神の所生であって、しかも(二)と(三)は手の股、(四)は足の股間からの所生である。迦具土神自身、伊邪那美神の陰を灼いた神である。

これらの共通点からどういう推論が導き出されるだろうか。

谿谷、手の股、足の股間はいずれもV字型を連想させるものである。谷は山と山がせまりあった窪みを意味し、典型的なV字の象徴物である。「クラ」は谷の古語ともいわれている。

うぐひすの鳴く暗谷《くらたに》に打はめて焼けはしぬとも君をし待たむ（『万葉集』十七）

ここにうたわれている暗谷は、「暗い谷」ではなく、もとはタニの意で「クラ」だけでは意味がわかりにくくなっていたので「タニ」が補いに使われたものであろう。しかし山がせまり合ってV字型が鋭角になれば光も届きにくいから暗くなるのは当然で「暗い」はそこから起った形容詞かとも思われる。

手の股、陰《ほと》もV字の象徴物である。V字は三角形に近いもので、今日でも沖縄では三角形は女性のそれをあらわすものとされている。

竹富島では男の井戸は丸型、女の井戸は三角である。

冒頭にのべた斎場御嶽《さいはうたき》の聖所、山庫理《さんこーり》のコーリは「クラ」であって、そこは三角形の割目をもった巨石が入口を形づくっている。

またその裏山にある、イナグナーワンダーとよばれる三角形の丘は女性の象徴といわれるが、これは本土の神奈備《かんなび》山の祖型ではなかろうか。この丘の西北の麓から多くの人骨が出土したことは女性の胎をとおって、生誕と反対方向に死者を送り出す呪術を示していると思う。

要するに三角形、あるいはV字型と女性とは古代信仰のなかで、連想を媒介として常にからみあっていると思われるのである。

クラのいろいろ

「クラ」は要するにV字型を指す言葉と思われるが、その∨の範囲は鋭角のものから鈍角のものまで、かなり広範囲にわたっていた。つまりこのV字は鋭角の∨から鈍角の∨までかなりの幅があった。

鋭角の典型的なV字型のクラが谷であり、鈍角の代表が、高御座《タカミクラ》、岩座《イワクラ》のクラ、枕のクラ、呉床《アグラ》のクラだったと思われる。枕はアタマクラの意味であり、呉床はアシクラの意味であろう。岩座《イワクラ》、呉床《アグラ》、枕《マクラ》はいずれも鈍角のV字、V字というより表面にかすかな凹みをもった物体であった。

馬の鞍などはちょうど中間の角度をもったV字型であった。

人の身体のなかには浅い窪みやふかい窪みがいろいろあるが、浅い窪みは胸グラ、深い窪みは股グラであろう。

本来は穀物の収納所だったと思われる「倉《クラ》」はふかい凹みのクラであった。西都原《さいとばる》古墳や、群馬県茶臼山古墳出土の家形埴輪群のなかにみられる高床倉のつくり出す曲線はV字よりも底のひろい﹈型をかんじさせる。

「クラ」は「V」字型というより、枕《まくら》や呉床《あぐら》のように平面に近い「︶」から、倉《クラ》のつくり出す深い鋭角の「凹」まで、範囲のひろい凹型を指すといった方が、より妥当かも知れない。

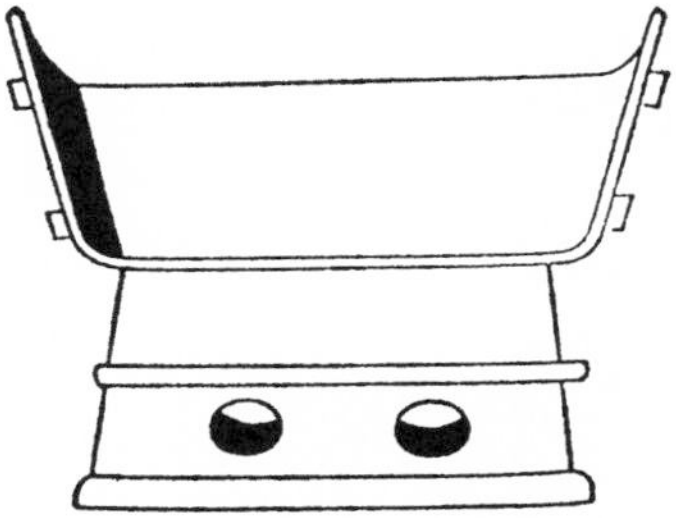

切妻造高床倉の埴輪

ミテグラについて

ミテグラとは何であろうか。『古事記伝』には、

「美弖具良《みてぐら》は何物にまれ神に献《たてまつ》る物の総名なり。諸の祝詞などを見て知るべし。名の義《こころ》はまづ古へ神に献る物及《また》人に贈り物などする物を凡て久良と云りと見ゆ。」

とある。昔、神に奉るもの、また人に贈るものをすべて「クラ」といったらしいと推論しているが、そういう例が何かあるのだろうか。

次に少し長くなるが柳田説を引用する。

「ミテグラといふ言葉は古い文学にはあまたみえてゐるのだが、実はその意味が今以つて少しも明らかになつてゐない。

ミテグラは我にはあらず天にます豊をか姫の宮のミテグラ

ミテグラにならましものをすべ神の御手にとられてなづさはましを

この二歌は共に有名な神遊びの歌で、素朴に之を誦すればそのいみは判る筈と思ふが、古来日本では幣の字を以つて此語に充て、同時に又漢語の幣をもミテグラとよませてゐた為に、之を何か神に捧ぐる幣物の如く想像する癖が已まなかつた。簡単に云ひ切るならば我々のゴヘイは漢語の幣とはちがつて、神に進献する財貨ではないのである。ゴヘイといふ日本語が新しい如く、是に幣帛のいみを持たせるやうになつたのも後世のことで、其新語の生れる以前、本来の名称はミテグラであり、それにたゞ祭り人の手に執るクラ、今の語になほせば神座であつたかと思はれる。今でも所謂ゴヘイを伊豆の新島ではオンテグラ、淡路の島では田の神の祭の小さな御幣のみをミテグラ、壱岐島にもミチクラ様といふ神様があるのは是を以つて祭るからの名と思はれる。現に隣りの対島には祭の行列に捧持する大きな形の柱をカナグラ、といふ例もある。とにかくミテグラのミテが手であつて、之を手にとつて移動することが名の起りであつたことは前の「御手にとられて」の歌からでも想像せられる。之に対して移動せぬもの、定まつた場所に突き立て、又は天然の樹に依つて設けられたクラは何と呼んだらうか。それには明らかな総称も伝はつてをらぬが、多分はクラといつても元は通じたのであらう。現在はクラシシ・クラツジなどと専ら山中の岩組み、即ち岩倉にのみこの名は残つてゐるが、本来はすべて神の降りたまふべき処がクラであつたのが、段々それを手に執り移し申すことが主になつて、ミテグラの名のみがながく行はれたのかと思はれる。何れにしても信仰の様式が世と共に少しつつ変つたのである。古来定まつた一つの大樹の下に神を祭りつづけてゐるといふ土地は増加せぬのに反して、それを次々に移動し得る形に改めて、新しい土地に勧請する場合が段々に多くなつて来たのである。さうしてそれに伴つてそのミテグラを手に持つ者が神の指令をうけたもの、御祭を奉仕する最も重要なる役だ、といふ考え方が一段とつよくなつて来たことも争はれぬのである。」(『日本の祭』祭場の標示)

柳田説を要約すれば次のようになる。

1 「クラ」とは本来神の降りたまうべきところを指した言葉である。
2 「ミテグラ」は手にとって移動できる神の座の意味である。
3 したがって「ミテグラ」には神に捧ぐる財貨の意味はない。
4 本来は大樹の下に神をまつりつづけていたものが、新しい土地に神を勧請するようになり、ミテグラを手にするものが祭の主導者となった。

柳田説は以上の四点にしぼられると思う。

浅学をもかえりみず柳田説をあえて批判することがゆるされるならば、第一の点から私の考えはちがっている。

「クラ」という言葉には本来、神聖な意味も、また神降臨の場の意味もふくまれてはいない。くりかえしいうように「クラ」は単に∨、あるいは凹みの型に対する名称である。

それだから「テクラ」は「手クラ」で、両方の掌を物を容れるような形に合わせたときにできる「∨」あるいは「凹み」を指した言葉である。そしてその後にその「凹み」の中にいれられたもの、内容物を意味するようになったと考えられる。容器の名称が内容物の名に転ずる例としては水をいれる用器、「怨《もい》」が飲水をさす「もい」にも用いられることなどがあげられる。

信用できる財貨貯蔵所に乏しかった原始社会では、人の掌中こそはもっとも安心な場所だったにちがいない。それだから掌の中、つまり「手クラ」の中に持たれるものは「テクラ」と呼ばれ、「タカラ」と転じて大切な財宝を意味するようになった。

それが神に捧げられるものには「ミ」の美称がつけられて「ミテグラ」となったと推測される。祝詞《のりと》のなかに数多く出てくる「ミテグラ」は神に捧げる財貨の意味である。

次にあげるのは「広瀬大忌祭《ひろせのおおいみのまつり》」の祝詞からの引用である。

「……奉《たてまつ》るうづのミテグラは、御服《みそ》は明《あか》るたへ・照《て》るたへ・和《にぎ》たへ・荒《あら》たへ、五色《いついろ》の物、楯《たて》・戈《ほこ》・御馬《みま》に、御酒《みき》は、瓺《みか》の上高知《へたかし》り、瓺の腹満《み》て雙《なら》べて、和稲《にぎしね》・荒稲《あらしね》に、山に住む物は、毛の和《にこ》き物・毛の荒き物、大野の原に生《お》ふる物は、甘菜《あまな》・辛菜《からな》、青海《あをみ》の原に住む物は、鰭《はた》の広き物・鰭の狭《さ》き物、奥《おき》つ藻菜《もは》・辺《へ》つ藻菜《もは》に至るまで、置き足《たら》はして奉《たてまつ》らくと、皇神《すめがみ》の前に白《まを》したまへ」と宣《の》る。「かく奉るうづのミテグラを、安《やす》ミテグラの足《たり》ミテグラと皇神の御心に平らけく安らけく聞しめして……」

神のめされる御酒・御饌・神衣・武具など食料にしても用度品にしても、えりすぐりの貴重品の数々を「うづのミテグラ」といって讃めたたえて、捧げているのである。

柳田説の、

1 「クラ」とは本来神降臨の場所をさした語

3 したがって「ミテグラ」には神への供物の意味はない

ということに対して私は疑問をもった。それでは、

2 「ミテグラ」は手にとって移動できる神座の意味であるはどうだろうか。

私は両掌に形づくられるくぼみのなかに、神聖な木が持たれる場合は移動可能の神座となる、と考える。したがって、先生の第二説を肯定するのであるが、その根拠は先生が「クラは神降臨の場所を意味する」というところから出発しておられるのに対し、私は、両手によってつくられるくぼみに神木をつきさせば陰陽交合の形になり、これは神のみあれの道をひらくものだから、小型の神社、あるいは御嶽が両掌の中に形づくられる。それゆえに神の顕現を期待できる場所となり、神座と信ぜられたと解釈する。したがって第二説を肯定するがその根拠は異にするのである。

ミテグラの意味

結局「ミテグラ」とは何かといわれれば私は次のようにこたえる。

それは神への供物をさす場合と、両掌のくぼみ、テクラの中につきさすようにしてもたれた木の

枝、扇、その他棒状のものをさす場合とがある。

くりかえしていえば「ミテグラ」は二種類の意味をもち、貴重な神への「進献物」と、両掌のなかに捧げられた神聖な「木の枝」をさしていう場合があると思われる。

ただここで注意しておきたいことは「ミテグラ」を本来のミテグラたらしめるものは木の枝や扇だけではいけない。陰陽相合した相《すがた》、つまり神聖な枝、または扇と、両掌のつくり出したくぼみがはっきり合体した相《すがた》にこそ本来のミテグラがみられるということである。それでこそはじめて移動する神社であって、いい方をかえるならば、心《しん》のみ柱とその柱の下の関係の小型な表現がみられるのである。

私ども日本人はよほどくり返しが好きな民族らしい。祝詞のなかにひんぱんにみられる対偶や畳語を使う気持は、信仰形態のなかにもはっきりあらわれて、神社に相当するものを自分の身近につくり出すことが何ともいえず楽しくうれしかったものとみえる。

それゆえ、柳田説第四にみられるように「ミテグラ」は新しい土地に神を新しく勧請するためにももちろん必要だったと思われるが、儀礼的に文学的に信仰心をたかめ、心のたかぶりを表現するのにも「ミテグラ」は必要だったのではなかろうか。信仰心の「おしゃれ」といおうか。「ミテグラ」は「くりかえし」を好んだ性向から必然的に生み出された、信仰のアクセサリーといえるかもしれない。

「ミテグラ」としての扇

扇をもった美保神社頭人達

「ミテグラ」が小型の神社、または御嶽とすれば、扇は正にその適格者である。

つまりその神木蒲葵に当たるものが扇で、イビ、または瑞垣の内に当たるところが、両掌のつくり出すくぼみだからである。

それだから神事とか神聖な儀式の際の扇の正式の持ち方は、まず開いて、それを両手のなかにまっすぐに立てて持つことである。桃の節句のお雛様がもつあの持ち方である。

こうして持つことによって、神社の祖型が生きた人の掌の中にでき上り、神降臨の道がひらかれるのである。

古風を残している神社の祭礼では、頭人をはじめとして、神事にたずさわる人々はいずれも扇を開かぬまでも、かならず扇を両掌のなかにつき立てるようにして持っている。両掌でVの字をつくった中にもつようにしている。片手でもつことはしない。

榊《さかき》の小枝も「ミテグラ」としてもたれる場合には決して片手では持たれない。かならず両掌を「クラ」の形にしてその凹みのなかにつき立てるようにして持たれるのである。それでなければ「ミテグラ」にはならないからである。

しかし今は何事も古い事柄が急速に忘れ去られつつある。神の世界をひらこうとして「クラ」の型に合わされた両掌の中に持たれた扇はいつかそのはじめの意味は忘れられて、神の世界を期待するような際にも、片手でかまえられたり、果ては婚礼の席の婦人客のように帯の間にはさみこんで扇を身につけている、というだけのことになっている場合が多い。しかしはじめに言ったように関西方面では、そのはじめの意味がかすかながら記憶されていて、写真をうつす時になると新郎新婦以外の人々も「クラ」の型を掌につくるほどではないが、いちおう両手で扇を持とうとするのである。

同じ時代の流れのなかにありながら、東京と大阪とでは、誰も気がつかないような、目にみえないような些細な点で、大きな相違がみられるのである。しかしそのことも時間の問題で、この貴重な相違もやがてはなくなってしまうだろう。

再び踊りと扇について

私どもの祖先が、信仰のおしゃれなアクセサリーとして小型神社を身近くつくり出したのがミテグラだった。そうしてそのなかでも扇はミテグラの料《しろ》として絶好のものだった。扇はミテグラとして多くの人の手に馴らされているうちに、かさばらず、小さくて、軽いこと、形の美しいこと、摺りたためることなどによってこの民族の好みにもっともかなったものとなった。

扇はミテグラから進んで神事の舞にも欠かせぬものとなり、神事の舞が、能、一般の舞、踊りとなって変容、発展したとき、扇もそれにつれて使用法が工夫され、洗練されて行って、田中良先生の説かれたように、ついに世界に類のない舞踊の際の必需品となった、と私は解釈する。

第九章　扇と神事の解釈

日本国中の神社の神事と、扇との間には切っても切り離せない関係がみられる。その例をあげてゆけば際限もないことだし、またその多くについて私の調べはほとんどといっていいほどついていない。

そこで扇が主役を演ずる有名な神事で、しかも私が実際にみて歩いたものに限ってかきしるしたい。（この中で速玉大社の扇立神事は実見していない。）

そうして、各神事の概要と一しょに、その神事の解釈を私の仮説にしたがってしてみたいと思う。

扇の神事の分類

扇が主役を演ずる、といってもその仕方はいろいろで種類も多いから、いちおう分類することが必要である。完全ではないがそれはおおよそ次のようになる。

一　扇をご神体とすること

(1) 扇神輿渡御　熊野那智大社例大祭　七月十四日
(2) 扇立神事　熊野速玉大社小祭　七月十四日
(3) 扇のぼんてん（王祇様）渡御　山形県春日大社　二月一・二日
（有名な黒川能はこの扇様に奉納されるものである）
(4) 扇を神宝としご神体の扱いをする。出雲佐太神社
（なお同神社の神紋も扇）

二　扇を重要な祭具とすること
(1) 「長形の扇」とよばれる蒲葵葉型の扇を、飾り棚の中央に据え、またこの型の扇を頭人が神事の間中、手にしている。
出雲美保神社蒼柴垣《あおふしがき》神事　四月七日
(2) 扇を季節の花とともに供える。
紀州花窟《はなのいわや》神社例大祭　十月二日・二月二日

三　扇と団扇を「さしは」として立てること
伊勢伊雑宮《いぞうのみや》のお田植神事　六月二十四日

扇をご神体とする神事

［熊野那智大社の扇祭と火祭］　現在は七月十四日に行なわれるが、維新前は、旧六月十四日であった。

古来、那智の滝は大穴持神（大国主命）を祀《まつ》るといわれ、社伝によれば仁徳天皇五年、社殿が那智山の中腹にたてられた。これが那智山熊野権現本社で、那智の滝は別宮飛滝権現《べつくうひろうごんげん》になったと伝えられている。しかし社殿のできたのはもっと後世だといわれている。

例大祭の当日は本社の神前で神事があってから、ひきつづいて、大和舞、田楽舞、田植舞が奉納され、いよいよ午後一時から扇神輿渡御、つまり扇祭りが執り行なわれるのである。

扇神輿は十二体、細長い木の框《わく》に真紅の緞子を張り、この上に三十二面の扇と八面の鏡を飾りつけたものである。

扇神輿は馬扇を先頭に本社を出られてから滝の下に向かわれるが、その途中、「伏拝《ふしおがみ》」とよばれる平らな芝地のところで「扇立て、扇ほめ」の儀礼をうけてから、聖火の大松明十二基に出迎えられ、石段を一つずつ聖火によってはらいきよめられながら降りてゆく。

一方石段下では東方の光ケ峯遙拝を終わった権宮司が扇神輿をまちうけていて「打松《うちまつ》」とよばれる「けづりかけ」で神輿を一つ一つ打つ。神輿奉仕員は神輿をかついで走り出し瀑下の斎壇に第一扇から第十二扇まで立て終わるのである。立て終わると、別宮飛滝神社前で祭典があり、田刈舞、那瀑舞が奉納されて神輿はふたたび本社にかえられる。以上が扇祭、火祭の概略である。

この扇神輿をかつぐ人々は「扇指し」と呼ばれ、市野々《いちのの》という旧神領の六十余人が奉仕することになっている。

大松明は那智山内の若者が奉仕する。

その衣裳は扇指しは蛇《じゃ》のきもので、松明持は白丁《はくちょう》姿である。いずれも前日から精進潔斎しているのである。

［熊野速玉大社の扇立神事］　熊野那智大社で扇祭りの行なわれる同じ七月十四日の夜、新宮の熊野速玉大社でも「小祭」として扇立神事が執り行なわれる。

速玉大社には摂社として、神倉《かみくら》、阿須賀《あすか》の二社があるが、『紀伊続風土記』によれば、

「六月六日夜、扇立・並松明立祭」

とみえていて、同様に扇祭と火祭があったことが知られる。さらに今は絶えてしまっているが、この速玉大社にも那智大社と同様に田楽が行なわれていたことが『紀伊続風土記』に記載されている。扇祭りは明らかに稲の祭りであったことが知られる。

なお速玉大社の古神宝は国宝に指定されたものが九百六十七点にもおよび、彩絵檜扇十握もこのなかにふくまれていて、まったく貴重な文化財である。

［山形県春日神社の扇様（王祇様）渡御］　王祇祭は黒川能が奉納されることで有名である。黒川能の名は黒川の里の名を負っているのであるが、ここは羽黒山・月山《がっさん》・湯殿山《ゆどのさん》の出羽三山の西麓。鶴岡市からバスで三十分のところにあり、黒川能が付属する春日神社は里の東方、春日山の麓に鎮座されている。

春日神社の氏子の全戸が上座・下座の宮座をなしていて、上座はどちらかといえば東南の山寄りの地区、下座は西北の川辺の地区である。そうしてこの上・下両座に祭りと能が伝承されてきてい

るのである。

月おくれの正月、つまり二月一日から二日にかけて王祇祭がとり行なわれるが、頭屋、そのほかに祭りに直接関係する人々は一月三日、祭りの一カ月前から物忌《ものい》みと精進の生活にはいるのである。

王祇様は頭部に丸くシデのついた長さ約二メートルの杉のほこ三本を麻縄でからめたもので、二月一日の暁方、神社から雪道を、王祇守り、提灯持ちを先導とし、白い晒《さらし》を頭にまいた冠子《かんむり》どもの「ウォーッ、ウォーッ」というにぎやかな叫び声にかこまれて頭屋に降りて来られる。頭屋に着かれた王祇様は神職らの奉仕で白布の衣がきせられ、扇の体裁をそなえることになる。「御衣着せ」が終わった王祇様は上座では梁《はり》から横に吊るされ、下座では頭屋の主柱に立てかけられる。上座では「動」の態、下座では「静」の態をとられるように思う。

やがて頭屋からの使いによって村人たちがぞくぞく集まってくると「座狩《ざが》り」といわれる点呼があって、おふるまいがはじまる。

能のはじまるのは夕方からで頭屋の一間には方二間の能舞台がしつらえられ、童男の「大地踏《だいじふ》み」を皮切りに夜を徹して演能がある。この童男の大地踏みのとき、王祇様は舞台上に大きく拡げられ、その根元で幼い子が精一杯口上を唱え、しきりに足踏みし跳躍し、その後四隅を鎮める所作をする。上座の童男は金烏帽子《きんえぼし》に黒鉢巻の男姿、下座は黒烏帽子に赤鉢巻の女装である。

舞台の際にすわった提灯持ちの前には一貫目掛けの大ろうそくが蠟涙《ろうるい》をたらしながらもえつづける。

夜半下座から「暁の使い」が上座に立ち、中入りとなり、人々はくつろいで夜食をとる。ふたたび能がはじまり夜明けまでつづく。

二日の早朝、王祇様はふたたび王祇守にかつがれ宮上りするが、下座の王祇様は途中上座からの「七度半の使い」を、前夜の答礼としてうける。そのあと両座の王祇様は揃って神社の石段を上るが、あと十段ほどのところで王祇守の合図とともに王祇様が投げ上げられるとそれを受取った若者が拝殿正面左右の小さな穴のような狭窓《さまど》に競争で突っ込み、拝殿内の王祇柱にどちらか先に早くたてかけようとする。

二日目の神事はこの競争からはじまるが昨夜と同様、神社の舞台奥中央の王祇柱に立てかけられた王祇様の前で午後まで演能が行なわれる。舞台のまわりには長人衆《おとなしゆう》とよばれる老人がめいめい提灯を前にして上下座にわかれて坐る。

三番叟が終わると「棚上りじんじょ」「王祇様降ろし」「餅切り」「王祇布剝ぎ」などの若者の競争があって二日間の神事を終わるのである。

［佐太神社］　上述の三例は扇を主役とする神事についてであった。佐太神社の場合には扇を主とする神事はないようである。しかしこの神社には神紋も扇、ご神体も扇という神と扇との濃厚な関係がみられる。ご神体の扇については前にのべたので、ここでは、佐太神社がどういう神社か、その概略と、神紋の伝承、祭事などについて簡単に紹介したいと思う。

佐太神社は松江市の西北にあって車でおよそ二十分ほどの距離にある。主祭神は佐太大神と伊邪那美命、御社殿は東向きで中殿、南殿、北殿の三殿から成る。

出雲には昔から明治維新にいたるまで、独特の教権組織があった。それは出雲十郡を二つにわけ、その中、六郡半の社家は出雲大社に、楯縫郡、秋鹿《あいか》郡、島根郡と意宇《おう》郡西半分の三郡半は佐太神社に所属させたもので、これは社頭制度とよばれていた。別に一社一例の社といって美保神社や武内神社のようにそのいずれにも所属しない社もあったが、多くは出雲か佐太かいずれかに所属させられたのである。佐太神社は社領七千石、社職二百人と称され、そのさかんだったありさまは年間七十五度の祭祀があったということからも推測されよう。今日まで伝わっている神事もたくさんあるが主なものは九月二十四日のござ替祭、十一月二十日から二十四日までの神在祭である。ござ替祭は今では佐太神能が奉納されることで名高くなっている。

十一月二十日から二十五日までの神在祭は一名「お忌《い》み祭り」ともいわれる。そのわけは神去られた伊邪那美命を追慕のため、八百万のみ子神たちが毎年ここに参集されるので、そのお祭りに当たる斎主は重いお忌み、つまり厳重な謹慎、斎戒をするからだといわれている。その間斎主である宮司の食事を別火とすることはもちろん、ほころびも縫わず、理髪、爪切もせず、昔は建築、障子の張替え、唄、読経も禁じられたという。

このお忌み祭りの最終日の夜半に神々を神目山《かんのめ》の祭場から御送りする神事が「神送神事《からさで》」であって、お忌み祭りのうちでも一番重要なものとされている。

このお忌み祭りの前に海神の使いという龍蛇が出雲の浦のどこかにかならず上られることになっている。私が行ったときも（昭和四十三年十一月二十五日）拝殿の柱の貼り紙に「十一月十九日、美保関町笠蒲に龍蛇様ご出現」とかいてあって、ギヤマンの蓋付高蒔絵の三宝の上に古伝の通り尾の上方に扇の神紋を負われた背黒腹黄の海神のお使いが祀られてあった。柏手を打って龍蛇様を拝む人々の顔には今年も上られたという安心とよろこびが自然とあふれ出ている。昔は「龍蛇上げ」という役職もあって海から上げるとサンダラにのせ、その上に海藻をおいて床の間に飾り人を招んで一夜祝い騒ぐ。そうして翌日神社にお移しする。このお使いの上られた浦は豊漁がつづくといわれ、龍蛇さんは商売繁盛、火難水難よけになるといってお祭りがすむと大阪の人などがよろこんでいただいてゆくそうである。

神去神事の詳細についてはここにははぶくが、龍蛇の背にまで負われているというこの社の扇の神紋については『懐橘談《かいきつだん》』にその由来がみえている。

「……当社の神主は昔天智天皇の御時、蒙古蜂起して日本に乱入、既に帝都に入らんとせし時、大伴氏勅を蒙り播磨の国蟹坂にて胡敵を打平げ給ふ、帝大に叡感ありて勝部氏を賜はり、当国の別駕となり当社の神主職を兼ね給ふ、神勅によりて扇を幕の紋とせり、然りしより大伴氏にて、今は正神主権神主と申して両家なり、……」

今の宮司は大伴勝部氏の裔《すえ》の朝山氏であるが、その家紋は「三つ桃に六葉」。当主朝山芳圀《よしくに》宮司はこの古伝の真偽はともかく一般に社家の紋が神社の紋になると考えておられるようである。つまり扇紋を神社にゆずって社家はその紋を遠慮し、他のものにかえたということであろう。

出雲には『延喜式』記載の古社で「タキ」の名をもつ神社が多い。

多気《たき》神社　秋鹿《あいか》郡
宇多紀《うたき》神社　秋鹿郡
意多伎《おたき》神社　意宇《おう》郡

佐太神社境内（宇多紀神社の址といわれるところ）

多久《たく》神社　楯縫《たてぬい》郡
多伎《たき》神社　神門《かんど》郡
多伎芸《たけの》神社　神門郡

これらが沖縄の御嶽《うたき》と相通ずるものであるということは鳥越教授も『琉球宗教史の研究』のなかで指摘されている。そうしてこのなかにみえる宇多紀《うたき》神社がほかならぬこの佐太神社の境内、桜並木の参道の左側、老松のたっているところにあったということは本当に面白い。

もし想像がゆるされるならば佐太神社の古いすがたは、少し離れたところにある神奈備山をご神体とする御嶽であり、その「イビ」もしくは「遙拝所」が宇多紀神社のあった辺りだったのではなかろうか。そう考えると御嶽の神木蒲葵が扇にかわり、ご神体も神紋も扇となったのは自然の成り行きらしく思われる。

扇が重要な祭具となる場合

〔美保神社の蒼柴垣《あおふしがき》神事における長形の扇〕　美保神社は島根県美保関にあって、その主祭神は事代主命とその義母御穂津姫命とされている。御穂津姫が「一の御前」、事代主命が「二の御前」とよばれ、祭りの幟には「美保両神社」としるされる。

美保の名は『古事記』に高天原からの神使、建御雷神と事代主命が国ゆずりの談判をされたときにその地名がみえるところである。この社に古く伝わる蒼柴垣神事は、事代主命が「その船をふみ傾けて、天の逆手を蒼柴垣に打ちなしてかくりき」という故事によったといわれている。それで一般にお葬いの復演と解釈されているようである。その通りまったく厳粛でさびしい祭りである。祭りといえばピーヒャラドンドンを想像していた私は、はじめてみるその祭りの段取り、はこび方が複雑であるのと、賑やかなうちにも静粛なのにおどろいた。当時は夢中で見学し、たくさんの点を見落したが、いま考えるとそれは蒼柴垣の故事によると同時に、農事に関係があり、年神を迎え送る祭りと考えてよいかと思う。そのわけは、

1　四月七日といえば伊勢の神田下種祭のころに相当すること。

2　この祭りのなかに田楽が出ること。

3　蒲葵葉型の長型の扇が、祭りの大棚の中央に挿され、また頭屋が祭りの期間中、この扇を手から離さないこと。

などである。この神社の成立が複雑なのと同様に、このまつりにも多くの要素が入りこんでいて社殿もおそらくはなかったころの祭りに後々《のちのち》いろいろのものが付け加えられたと考えられる。

四月七日の午後、頭屋の一行をのせて湾内を神行する神船はもちろん最重要な祭りの料であるが、

蒼柴垣神事の大棚の前に坐る頭人
中央の鏡板にさされた長形の扇と頭人の扇の持ち方をよく御覧下さい。

両頭屋の家に飾られる「大棚」もこの祭りの一つの面を代表する大切な祭りの料と思われる。その「つくり」は図のように、屋根は苫《とま》葺き、内部は荒莚を張り、間に棚がついているものである。

　その中央には「八雲板」とよばれる鏡板を立て、向かって右方に「日像」「青龍《せいりゆう》」「朱雀《すざく》」の鉾《ほこ》と真《しん》の幣《しで》、向かって左方には「月像」「白虎《びやくこ》」「玄武《げんぶ》」の鉾と、奉幣鉾とが飾られる。

　鏡板には「影向《ようごう》の松」と「鳥居」が画かれ、その上部中央に蒲葵葉型の「長型の扇」が挿される。棚の前には青畳二枚が敷かれる。祭りの前日の四月六日大棚飾りが終わると頭屋、小忌人、供人はこの前に坐り、当日も朝から宮上りをするまで坐る。この間、頭屋は手から「長型の扇」を離さず、人々はこの大棚と、その前に坐る頭屋を「神」として拝礼しにくるのである。

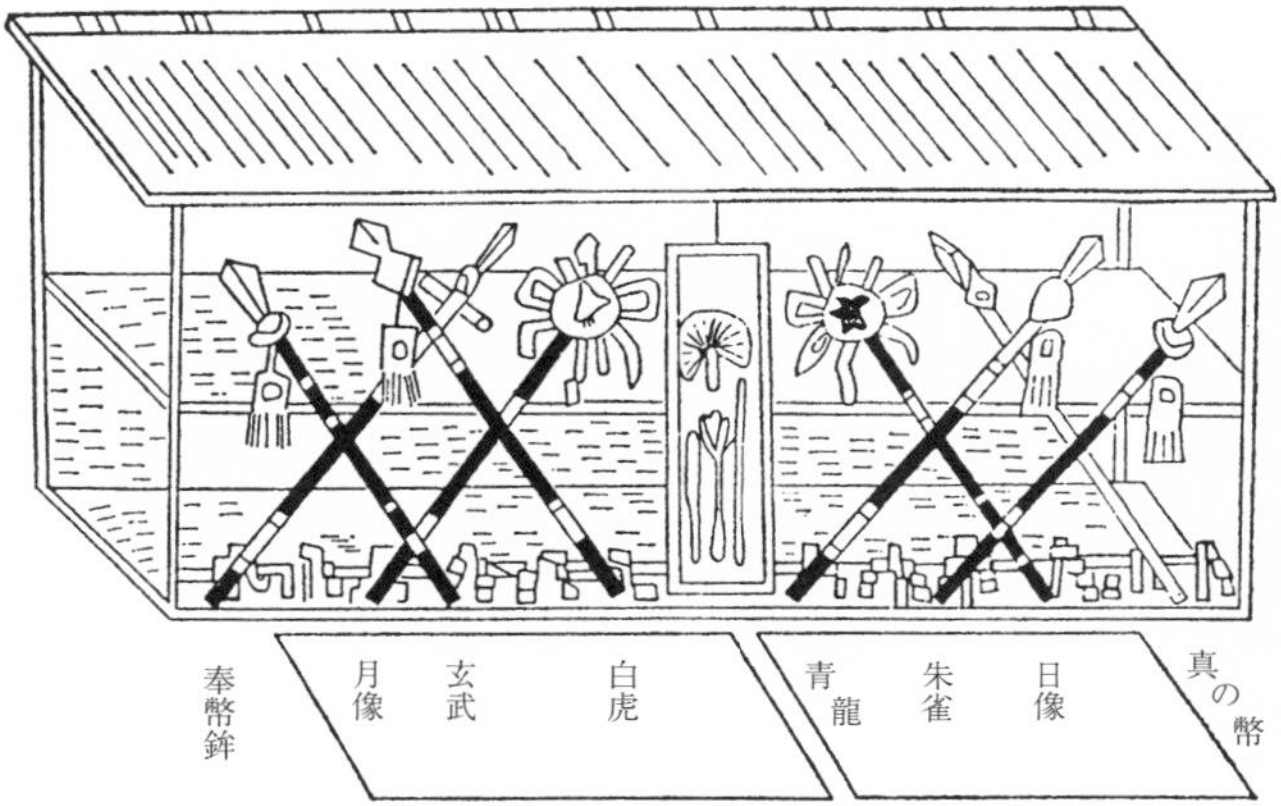

美保神社蒼柴垣の大棚飾り（前頁の写真参照）

それではこの大棚は何を意味するものか。中央の鏡板に画かれた松は御嶽《うたき》の神木蒲葵の代わりであり鳥居は「イビ」の入口をあらわし、「長形の扇」は蒲葵の葉である。したがってこの細長い鏡板は神木蒲葵そのものを象徴する。その前の青畳二枚は聖所「イビ」をあらわす。つまりこの鏡板と「青畳」が「御嶽」を形づくっている。だからつまりこの大棚は小型神社である。しかしこの大棚は神社を表現するばかりではない。神と人間の世界をもあらわす、それはその左右においてである。

棚の向かって右方は東方と男性を表わす、なぜなら日像の鉾は東、太陽の上るところで神の世界を表わすが、青龍《せいりゅう》もまた東方の霊獣だからである。朱雀《すざく》は南、南の午《うま》の方位で午方は男性の座である。向かって左方は西方を示し、人間界と女性を示す。日に対して月は西、女性をあらわし、白虎《びゃっこ》もまた西方の霊獣である。玄武《げんぶ》は北方の象徴。そして北は子《ね》の方《かた》で女性の方位である。

つまりこの大棚の右方は東方の神の世界、左方は西方の人間界をあらわし、東方の神霊、種神《たねしん》の西方、人間界への渡来を暗示する、そして種神は蒲葵に宿り、地母霊《ちもれい》をあらわす「イビ」と合体して「稲の実り」をもたらす。その媒《なかだ》ち、あるいは地母霊の代表は本来女性の巫女がつとめるはずであるが日本本土では男性が祭祀権も手中に収めてしまったから頭屋も男がつとめているが、やはりそれでは祭り切れないのでその妻の小忌人《おんど》や供人がそれを補佐している形である。

この大棚の飾りはそれだけの意味を含めている。それだから頭屋は沖縄の豊年祭りにおける巫女たちと同様に蒲葵葉型の扇を手にしつづけ、御嶽のイビにひとしいこの蒲葵の木の下に座して神がかりするのである。

この美保神社の古絵図をみると境内の一隅に「木之下社《きのもとのやしろ》」がある。今はもちろんないが、古くは社殿はなく、神木とその下のイビがこの社の姿だったことが察せられる。

またここには家格の高い奥市《おくいち》、宮市《みやいち》という巫女の家が伝わっている。

蒼柴垣神事の前半がこの大棚を中心として行なわれているのをみると、この祭りがけっして事代主命の故事ばかりをたどっているのではないことがわかるように思う。

［紀州花窟《はなのいわや》神社大祭における扇］　『日本書紀』に「伊弉冊尊《いざなみ》火神を生みます時、灼《や》かれて神《かん》去《さ》りましぬ。故《かれ》、紀伊国熊野の有馬村に葬《かく》しまつりき。土俗《ひと》この神の魂を祭るに花ある時には花を以って祭り、また鼓《つづみ》、吹《ふえ》、幡旗《はた》を用いて歌い舞って祭る」とみえている。『日本文化風土記』（巻五）によればこの有馬村の祭りに際して、里人は幡の下にいろいろの花、または扇を結びつけるといい、久安百首には「紀の国や有馬の村に坐す神に手向くる花は散らじとぞ思ふ」という歌がある。

昨年（昭和四十三年）九月、沖縄から帰った直後、十月二日の花窟神社秋の例大祭を見学に出かけて、この社が沖縄の御嶽《うたき》と少しもちがわないつくりであることに気がついた。質素な鳥居はあるが海沿いの樹木にかこまれた境内の小径をゆき御手洗《みたらし》をすぎると突然白砂がしきつめられた「イビ」そっくりの斎庭が出現する。神殿はない。その円形のイビの向うには高さ約五〇メートルの海食の巨岩がそそり立っている。その岩の形がまさに女性をあらわし、いたるところに穴があいている。それだからここは古代には葬所、骨をかくす場所としてまさに絶好のところだったろう。それが後に御嶽《うたき》、神社に移行したので、そう考えると『日本書紀』の記載がそのままあてはまる。よくも社殿がたてられなかったものと思う。

花窟神社大祭と巨岩

古く由緒のありそうな女性神はほとんど伊邪那美命に習合されている。那智大社の主神で、新宮の速玉大社では配祀の神となられている熊野夫須美神《くまのふすみのかみ》も伊邪那美命のこととされていて、そうなるとかならず壮大な社殿が建てられる。佐太神社の主神も伊邪那美命とされ、八百万の神がそのお弔いのために神集《かんつど》いに集《つど》われることになっていて、古くから立派な社殿がある。

交通の便もよいここだけどうして社殿がたてられなかったのか。社殿をたてるには背後の岩があまりに立派であり、またこの岩の頂から二〇〇メートルあまりの太綱を境内の松の梢に渡し、さらに離れたところの松の根元まで綱をはり渡す神事が行ないにくくなるために自然、建てられなかったのであろう。岩の頂上と老松の梢をむすぶ綱に季節の花と、白地に日の丸の扇が結びつけられ、中空で陽に光りつつゆれ動くさまは何とも美しい。私の行ったときは季節の花として葉鶏頭《はげいとう》が結びつけられた。白砂の上に綱と一しょに横たえられているときにはお祭りの花として淋しすぎるように思ったがいざ吊り上げられると、青空のなかに両端の日の丸の扇が人の手のようにクルクル動くのに対して葉鶏頭はズッシリとしてゆったりと揺れている。その対照がいかにもよかった。この美しさは社殿があっては生かされない。きっと代々の人々の美意識と、葬所としての岩に対する信仰があれほど熱心な社殿づくりをとどめさせてきたのであろう。

この綱は「お綱」とよばれ、これが張り渡されるときには参列者は皆このお綱に手をふれようとして力を貸すのである。笛、鼓と、歌い舞うことはたえてしまっているが季節の花を供えることはつづいていて、日本最古のお祭りは今もくりかえされている。ここが御嶽の古いすがたを残しているからには扇が祭りにつかわれる伝承も非常に古いものと思われる。

静かでそれでいて花やいだ女の神様にふさわしいお祭りである。

扇を「さしは」として立てる神事

皇大神宮の別宮、伊勢伊雑宮《いぞうのみや》のお田植神事は日本三大お田植祭の一つにかぞえられ、今は六月二十四日に行なわれることになっている。

伊雑宮ご鎮座の由来は倭姫命世紀にくわしくのっているように「垂仁天皇のみ代志摩国、伊雑の方《かた》上の葦原の中で、白真名鶴が千穂にみのった一茎の稲をくわえて鳴いていた。倭姫命はこれを畏《かしこ》んで、伊佐波登美命《いざはとみのみこと》に命じてこの稲を抜穂として皇大神の大前に捧げしめられ、またこの稲の落されたところを千田と名づけそこに伊佐波登美宮をつくって皇大神宮の摂宮とされ、これが伊雑宮《いぞうのみや》である」ということである。

穂落《ほおと》しの話は沖縄ではじめて稲がつくられたという知念村にもよく似た伝承がある。

お田植神事の役人《やくびと》は祭の当日、宮に参拝して神田に向かう。その役人は田植と囃方《はやしかた》に分かれ、田植方は「えぶり指し」「立人《たちど》」とよばれる青年八人、「早乙女《さおとめ》」になる少女六人、はやし方は馬追い(太鼓打ち)一人、鳥刺し(ササラすり)二人、笛二人、謡い六人、大鼓《おど》一人、小鼓《こど》一人あわせて二十七人、それに警護という指揮者がつく。

その衣裳の詳細は省略するが、「立人」は菅笠、紺の股引に手甲をつけ中形の襦袢をきる。早乙女は化粧をし菅笠に白装束、緋のたすきをかけ扇を挿している。太鼓打ちは七、八歳の童男でかつらをかぶり少女の扮装をする。笛、謡い、大鼓小鼓《おどこど》は素襖大紋《すわうだいもん》をきて烏帽子をつける。(笛はかぶらない)一同跣足《はだし》である。

神田の西側の畦に長さ九メートルばかりの青竹が杭《くい》につけて立てられ、その先端に扇と団扇型の

伊雑宮お田植祭（扇の大さしは）

刺翳《さしは》がついている。

役人の行列が神田につくと神官が田を清め作長は奉持する三把の早苗を右、左、中の順に打つ。

「早乙女」「立人《たちど》」は男女交互に手をつなぎながら苗代を三周し、苗代に拝礼して早苗をとり始める。

そのあとが竹取りの神事である。「立人」は杭《くい》の縄をとき忌竹に引縄をつける。「えぶり差し」は神田に入って竹を一度に倒さぬように支える。忌竹は神田を三度あおぐようにして神田の中心に向かって倒す。近郷漁村の青年が裸になって田にはいり、忌竹の「さしは」の絵を破いて奪いあう。やがて裸男たちは竹をその場で三回引きまわし、野川できよめるために皆で竹を捧げて走り去る。この扇の絵の一片は家内安全、五穀豊穣、大漁満足のお符《ふだ》として信仰される。

竹取りがすむとお田植で一列に並んで植えてゆく。その間、謡方、鼓、笛、ササラ、太鼓が調子をそろえて囃し立て、一退りに謡曲二番を終わることになっている。間に一たん休憩があり若布《わかめ》の肴で小宴がある。

植え終わると一同列をなして伊雑宮に、踊り込み唄をうたいながら、二〇〇メートル二時間の速度で練ってゆく。

これでお田植祭は終わるがこの神事をもう一度考えてみたい。

まず疑いもなく神田は女性をあらわし、その際に立てられた忌竹《いみだけ》の先につけられた扇は、その竹とともに男性を意味する。忌竹は神田を三度あおぐようにしてから倒されるがこの扇のあおぐ動作は神田をはらいきよめるものだと解釈されている。けれどもこれは男性のそれの本来の動きをあらわし、それが田の中央に向かって倒されるのは陰陽合一を表現している。扇の地紙がズタズタにやぶられ、裸の男の人たちがその紙を奪い合う間に泥まみれになるのは両性のクライマックスをあらわす。昔はこの竹の扇の絵の中には「玉」がはいっているといわれたという。それは今では「魂」と解されているようだが「玉」が本来のいみだと思う。これを魂などというのは後世の「気取り」であって、先端の扇や団扇の豊かな飾りを失った忌竹が瞬時にしぼんだただの青竹にされてしまうことからそれは察せられる。ズタズタの扇の地紙は商売繁盛、大漁満足のお符《ふだ》になるという。つまり福神となる。田の中の泥んこまつり、水のかけ合い、などもみなこの意味ではなかろうか。泥水にふんだんにまみれることが稲の実りを促すことになる。立人と早乙女が手を取りあって苗代のまわりを回るのは稲の苗を「その気にさせる」ことである。稲の祭りはいずれもそれにつきると思う。

扇の神事間にある共通性

以上扇に関係のふかい神社とその神事を概観した。しかしそれだけでは十分でないように思う。これらの神社、あるいは神事の間には扇のほかにもっと何か相関関係とか共通点がみられないだろうか。

すでに私の考えをおりこんで解釈した神事もあるが、もう一度ふりかえって扇を主とする祭りが何を特色としているかをみたいと思う。

蒲葵は沖縄の御嶽の神木である。扇は「蒲葵の葉」と考えられるから扇が主役となるほどの祭りなら、それは御嶽の信仰およびその方式と深いかかわり合いがあるはずである。

御嶽の信仰は東方の神国、常世国の神がその対象であり、そこにおられる神を祭りの期間に西方の人間界に迎えることを旨とする。いいかえるならば東方から西方への神霊の旅と、神の顕現が祭りの本質となっているものである。

神のみあれは人間の生誕になぞらえて考えられている。したがって「祭り」はまず人間が母の胎内にある期間こもっていることを擬《もど》く「こもり」にはじまる。もちろんその前の「陰陽の交合」「渡海」「聖地遙拝」などの要素もはいるはずである。

扇は蒲葵の代用物であり、蒲葵は男根の象徴物である。それならば「祭り」のどこかに、たとえかすかではあっても男根は顔をみせるにちがいない。

扇は男を表現するから扇を主とする祭りはその一方にどこか重要な点に女性神、あるいは火の神を対置しているはずである。

山嶽信仰を旨とする修験道は南方の御嶽の信仰の直系と推測される。それは簠簋扇《ほきせん》・法貴扇《ほきせん》（ともに蒲葵扇のこと）を祭具とすること、火の神を崇めること、山にこもる、つまり女性の胎内に入ることをもって生まれ清まわる、とすることなどから考えられることである。それだから扇祭りは修験道と濃厚な関係にある神社にことにさかんに行なわれるのではなかろうか。

これらを要約して次の六項目にしぼり、それに該当する神社、または神事を考えてみる。

1　東方と西方、東から西への旅、渡海
2　こもり、いみ、みそぎ
3　陰陽交合
4　男根
5　女性神、火神
6　修験道

扇が主役を演ずる、と一口に言っても扇がもっとも華やかに活躍するのは、那智の扇神輿と黒川の王祇様である。そこで前掲の六項目を主《おも》にこの二つの祭りにあてはめて考察したい。ほかの祭りはそのときどきにかなり解釈したつもりである。

那智大社は日本本土の西南、黒川の春日神社は東北にある。この国のいわば表と裏において同じように扇が活躍する祭りが行なわれることはこれまでふしぎとされ謎といわれてきた。私はこの謎をこう解きたい。

黒川は修験道の本山、出羽三山の西麓にあり、熊野三山、なかんずく那智もまた修験の一大中心地であった。修験道は仏教その他が習合されているとはいえ、御嶽《うたき》の信仰の直系をなしていると思われる。そこで聖具として蒲葵扇がつかわれる。おそらくこの教派の中では、御嶽の神木蒲葵が男根の象徴物であり、扇がその蒲葵葉の代替品であるという秘密が、秘義として早く伝えられていたのではなかろうか。

黒川の王祇様が、一物で扇と男根の二つの形相をそなえているあの見事さは一体誰の発案になるものか。王祇様は拡げれば扇となり、巻いてたたまれれば頭部に丸い「ぼんてん」をつけた巨大な茎となって、正に男性そのものの象徴となる。それは蒲葵と扇の関係を知りぬいた人の考察によるものとしか思われない。そうしてそんなことを考え出すのはいかにも修験者らしく思われる。

王祇様は二月一日の暁方、神社から頭屋に向かわれるが、能が奉納される間中、頭屋の一間にしつらえられた舞台の側の柱に立てかけられる。その王祇様と頭屋の舞台の関係は、影向《ようごう》の松と能の舞台との関係、御嶽の蒲葵とイビの関係に相当すると思われる。そこに舞が奉納されて、陰陽和合が促される。二月二日払暁、神社へ帰られる王祇様は拝殿の狭窓《さまど》の穴にはげしく突っこまれる。これも陰陽和合の術である。

王祇様には終始提灯持ちによって火神が先行、または随伴せしめられる。火神は御嶽の信仰の中において重要な意味をもち、これは東方の神の来臨の証《あかし》となるものである。天皇の新しい即位にも火神が証となる例は前述の通りである。修験道も火神帰依の信仰といっても過言ではなかろう。

以上で先述の六項目の中でおよそ三から六までが王祇祭に当てはまると考えたのであるが一と二についてはどうだろうか。

上座につかれた王祇様（横に吊るされている）

黒川では祭りに関係する人々はその一カ月前から精進の生活にはいるという。おそらく昔はいまよりももっときびしいいみ、こもりがあったことと思う。

神霊の旅は、王祇様が里の東よりの神社から両頭屋へ渡られるのがすでにそれをあらわすと思うが、くりかえしの好きな祖先たちは宮座の中にも東と西、あるいは上・下をつくって神と人の世を象《かたど》ったと思われる。上座は東より、下座は西よりにあって、上座の王祇様は梁《はり》から横に吊るされ「動」の姿勢をとられるのに対し、下座の王祇様は柱に立てかけられて人間世界に定着の姿をあらわす。私は上座の王祇様を見ることはできなかったが、横に吊るされた王祇様は頭を西に向けておられるものと想像する。

次に那智の扇祭りをこの六項目にあてはめて考えよう。那智は修験の中心地であることは前にのべた。そこが黒川と共通している。黒川の王祇様は六項目に該当するところをほぼ含んでおられた。那智の扇神輿にもこの六項目が該当すれば両者が大体同じ祖《おや》から出た祭りであり、また扇の起源が蒲葵であることを立証するのにも役立つであろう。

それでは王祇様と同じくその4から考えることにする。扇神輿の先頭には馬扇《うまおうぎ》が立つ。今は馬の絵が画かれているが昔は「異形のもの」つまり男根が画かれていたことは冒頭にのべた。王祇様が一物で扇と「そのもの」を表わすのに較べてこの神輿の方は一つのものの中に二つをふくめることができなかった。それで行列の先頭に立つ大扇に不器用にもその絵を画いてしまった。扇はこんなにきれいに飾られているけれども本当は「これ、これなんですヨ」というわけであろう。

実はこの扇神輿はもう一つの点で男根と結びついている。扇神輿の最下段には植物の射干《うばたま》（一名烏扇《からすおうぎ》または檜扇）の葉が飾りつけられる。

ここで『古語拾遺』の一節を引用しよう。

「昔在《むかし》神代に、大地主神、田営《みたつく》ります日に、牛宍《うしのしし》を田人《たびと》に食はしめたまひき。その時に御歳神《みとしかみ》の子、其の田に至《ゆ》きまして、饗《みあへ》に唾きて還りまして、状《ありさま》を父のみことに告げましき。御歳神いたく発怒《いか》らして、蝗《おほねむし》を其の田に放ちたまひしかば、苗の葉忽に枯れ損はえて篠《しぬ》竹の似《ごと》なりき。於是《ここに》大地主神、片巫《かたかむなぎ》肱巫《ひぢかむなぎ》をして、其の田を占求《うらな》はしめければ、『御歳神崇《たたり》を為せり。白猪・白馬・白鶏を献《たてまつ》りて、其怒《みいかり》を解《なご》めまつらな』とまをす。かれ教の依《まにまに》して、御歳神に謝《の》み奉らしければ、『実に吾が意ぞ。麻柄《あさがら》を桛《かせ》に作りて桛き、及《また》、其葉以て掃ひ、天押草《あまのおしくさ》以て押し、烏扇以て扇ぎてよ。若し如此《しか》して出で去らずは、牛宍を以て溝口《みなくち》に置き、男茎形《をはせがた》を作りてそれに如へ、慧子《つづたま》・蜀《なる》椒《はじかみ》・呉桃《くるみ》葉及び塩を以て其の畔に班ち置くべし』とまをします。仍其の教の従《まにまに》せしかば、苗の葉復茂りて、年穀《たなつもの》豊稔《ゆたか》なりき。是はいま、神祇官《かむづかさ》に白猪・白馬・白鶏以て御歳神を祭る縁《もと》なり」とみえている。

那智の扇祭における扇立て

烏扇《うばたま》も男根も稲の神、み年の神にふかく関係して蝗《いなご》の害をはらうものとされている。

また扇神輿は本社からお滝下に渡御の途中、扇立て、扇褒めのことがある。それはそれまで横にされた神輿が「伏拝み」という平地にくると一せいに美々しく立てられる。それを斎主以下柏手を乱打してほめる神事である。それも多分男性のそれの見事に立ったのをほめているのであろう。

この後、神輿は大松明の火の先導をうけて石段を下り、滝下に向かうがこのあたりがこの祭りのクライマックスで祭りとはいいながらまったく見事な演出である。

一直線に落下して滝壺にぶつかる滝はいうまでもなく男性そのものである。石段を下りた扇神輿は一つまた一つと権宮司から「打松」という「けずりか

那智の田楽「大足」
稲のみごもりをあらわす。

け」ではらいきよめられて滝の精をこめられる。

滝の下一帯は古昔はふすみ様とよばれていたという。ふすみ様はいうまでもなく那智の主神女性神、熊野夫須美神である。社殿のなかった昔は滝の下の窪地一帯はイビであったにちがいない。男性の扇神輿は滝の下にたどりつかれて、ここで陰陽交合があるわけである。暫時ここで過されて扇神輿は本社に還られる。

それでは1と2はどうであろうか。この祭りの前に宮司以下奉仕員が斎戒することはもちろんである。ただしその期間は昔の方がずっと長かったと思う。

それでは1の渡海は？　扇神輿をかつぐ「扇指し」の人々は「蛇のきもの」をきる。それは神霊の旅、あるいは渡海をあらわす。一体に蒲葵または扇と蛇の関係はふかく、少なくとも五例はあげることができる。調べればまだまだあることと思う。それはまたの機会にゆずる。

扇祭りの神事中に東方光ガ峯遥拝がある。それも東方から西方への渡御をしめすものであろう。

那智の扇祭りは豊年祭である。そのことはこの神輿の渡御にさき立って見事な田楽舞があることからも察せられる。那智の田楽舞は篠原四郎宮司の解説されるところによると稲の一生を扱ったもので稲の生殖、妊娠のありさまなども擬《もど》かれていて上品にはなっているが、かなり露《あらわ》である。なおいえばこの扇祭りは旧六月十四日に昔は行なわれた。この日は新暦では七月二十五・六・七日ころに当たる。沖縄では今年も一斉にこのころ豊年祭が行なわれた。そのありさまは次の章にのべるが、南島と気候を異にする本土で同じ種類の祭りを同じ時期に行なったことは、かつていたところの祭りが記憶されていたためと思われる。

扇祭りは蒲葵を神木として信仰した種族が伝えた祭典と推測される。なお沖縄の豊年祭りは祭事関係者がみんな蒲葵の葉を手にする祭りだった。今もその名残りはいちじるしいが昔はこんなものではなかったと古老は口を揃えていう。

扇神輿の細長い框は蒲葵の幹のつもりであろうし、扇は蒲葵の葉にちがいない。

第十章　沖縄石垣の豊年祭

オンプウリ

旧六月十五日は沖縄の豊年祭《プウリ》である。今年（昭和四十四年）はそれが七月二十八日にあたったので沖縄本島ではこの日一せいに豊豆年祭が行なわれた。

しかし宮古・八重山の先島地方では水への祈りが一層切実なためか、この日を中心とする壬《みずのえ》・癸《みずのと》の日が祭りの日として選ばれるらしく、かならずしもこの旧六月十五日にこだわらない。今年は七月二十六日がミズノエだったが石垣市の豊年祭は七月二十五・六日の両日であった。

石垣は今年、稲・キビ・パインがいずれも豊作だったので、各字《あざ》ごとに旗頭を新調して町には活気がみちあふれていた。

旗頭《はたがしら》というのは鉾の頭に趣向をこらしたもので、その頭の下に大きな幟《のぼり》をつけ、「風調雨順」「瑞雲鮮」「八束穂」「五風十雨」など豊穣や水への祈願をこめた言葉がかかれている。昔はこの旗頭をかつぎに人々はかならず故郷に帰ってきたものだという。

七月二十五日の祭りを石垣では「オンプウリ」という。八重山地方では御嶽《うたき》を「オン」という。それで御嶽毎に祭りが行なわれる第一日目を、「オンプウリ」とよぶわけである。この日は各字ごとにこの旗頭を先頭に、ふれ太鼓が字のなかを回り、行列が御嶽《オン》にくり込む。

午後二時ころから各御嶽では穂華《ぷばな》・神酒《みしやく》・皮餅（蒲葵または月桃《さんにん》の葉で四角にくるんだ餅）が神前に供えられ、司《つかさ》（巫女）によって今年の豊年感謝と来年の豊年祈願が行なわれる。

拝殿で御嶽の神を拝した司たちは次には、神を背にして向きをかえ、自《みずか》らを神として氏子に臨む。

石垣市の豊年祭における旗頭

そうして白の神衣をつけた六人の司たちは「給仕《きゆうじ》」とよばれる氏子総代の四人の男性の捧げる神酒を享けるが、そのときそれを捧げる方にもそれをうける側にもそれぞれ歌があり、しまいに神と人の歌が合わされる。

私は長崎御嶽でそれをきいたが、白衣の司が氏子総代の男性の捧げる豊年感謝の神酒をうけて唱和するさまは古代

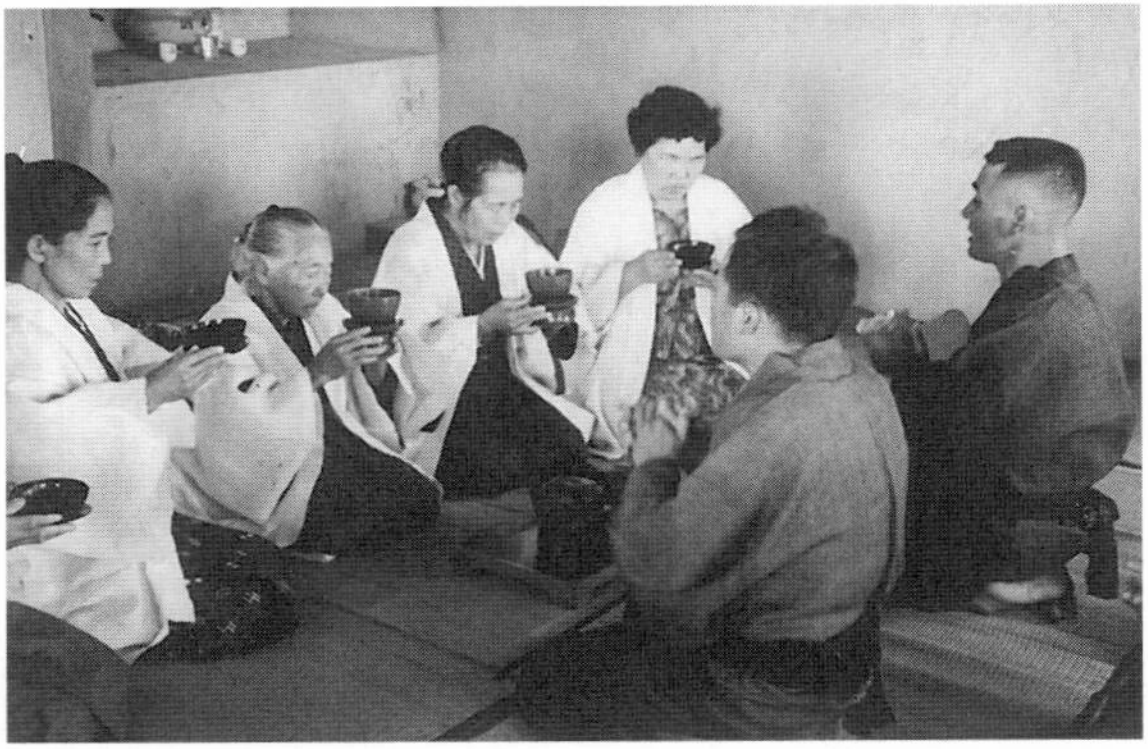

長崎御嶽で司（巫女）と給仕（氏子総代）が唱和し神酒を捧げているところ

がそのまま生きているかと思われた。単調だが古雅な調べである。それは期せずして男女の混声合唱にもなっている。

昔はいまみるような拝殿もなく、ただ神聖な植物を蔽いとして囲われた庭上でこの祭儀も行なわれたであろう。手拍子を打ち、あるいは酒器を左右に捧げ揺らかして男たちは敬虔に唱い、酒をうけた司たちは威厳にみちてそれに和している。

境内のヤラブの大木の蔭にしかれた蓆に坐って持参の酒肴を前にこの儀式にあずかっている村の人々の顔は誠心誠意そのものであり、それらはすべて真夏の日ざかりのなかに溶けあって、私は「まつり」というものにはじめて身体でぶつかった思いがした。

マイツバ御嶽の豊年祭

翌七月二十六日は石垣市の各御嶽合同の祭りが市の西よりの新川地区にある真乙姥《まいつば》御嶽で行なわれる。前日と同様、司たちから神に供饌、豊年感謝と来ん年への豊作祈願があってから、各字《あざ》から巻踊りが奉納される。

水の主の踊り

午後三時ころ、各字自慢の旗頭を先頭にドラや太鼓を打ちならして行列がくり込んでくるがその順は、

水《みず》の主《ぬす》（五十歳以上の果報のある女性）
旗二流（火の神の印∴がついている）
五穀入籠《かご》一対（子供が捧げる）
ヤーラーヨー（五十歳以上の古老）
クナー星（三十歳以上の男）
采《ザイ》（赤・黄・白の采《ザイ》をもつ踊り、十六歳以上の女子）

つまり老幼男女が参加して唱和、あるいは境内の中を巻踊ることになる。

ここにいう「クナー星」とは組星、つまりスバル星のことでこの星の位置によって種子取《たねとり》の時期が定められる。それが民謡になっていてその踊りである。采《ザイ》とはハタキのような形をした赤・黄・白の布をつけたもの。赤は太陽、黄は土、白は水をあらわす、いずれも農耕に関係した踊りである。

蒼柴垣神事で大棚の前に坐る頭人の大紋の下がさねの襟の色もこの三色が重ねられている。日・土・水は豊作祈願の色なのである。

そのあとがいよいよ「女綱」である。

女綱

この女綱《おんなづな》について私には予備知識があった。お祭りにさき立って二十四日、私は石垣市登野城《とのしろ》に住われる喜舎場永珣《きしやばえいじゅん》先生を訪れた。案内をこうと、

「おう、裕子か」

となかで大声がする。先生を訪れるのはこれがはじめてではない。八十五歳になられる先生は今も八重山民謡史の研究に余念のない日々を過されているが、近く明治三十九年から六十三年間にわたる採録の結果を「八重山古謡」として上梓される。それは八重山の歴史・古語・民俗・恋愛・社会相などのすべてが網羅されている本である。

こうした先生からみれば四十・五十は鼻たれ小僧、呼捨ては私に限ったことではない。そうするとこちらもふしぎに先生の前では小学生のような気分になる。

女綱の由来について先生は多少の声色もまじえて説かれる。

「昔、雨が少しも降らなかった。さァどうしよう。そこで霊感のある巫女が真乙姥御嶽《まいつばうたき》にこもって祈願することになった。すると『女だけで綱《つな》をつくって曳け。そうすれば夫婦雨《めおとあめ》を降らしてやろう』と託宣があった」

女綱　棒を綱の穴につっこむところ（石垣佳彦氏撮影）

「……」

「夫婦雨というのを知っているか？」

「……」

先生はうれしそうに、

「雨を大雨《おおあめ》、中雨《ちゆうあめ》、小雨《こさめ》とわけると小雨はアメマ（マは小さい意味）、中雨はアメ、大雨を夫《め》婦《おと》雨というサ」

「……」

「何と自然で大らかでいいだろうが」

と言って私の手首の辺《あた》りをポンと叩かれる。そのころになってやっと私もその意味がわかって、

「本当にあけひろげで、明るくって」

とはじめて口をひらいた。

「女は水だ。だから女が綱をつくって曳くのは当然だ。そういうものサ」

と先生はしきりにうなずかれる。

女綱について私には先生のおかげでこれだけの予備知識があったのである。そこで境内の行

棒をはやす石垣の豊年祭（石垣佳彦氏撮影）

事が終わり、外の道路が一段とさわがしくなると「スワ、女綱！」といそいで席を立って境内の外に出た。もう道路は大へんな人だかりで身動きもできない。

人混みをかきわけてやっと中心になっているらしいものに近づいて人の肩越しにそれを見たときには驚いた。

女綱とは直径一メートル近くはあろうと思われる女性そのものズバリであった。

少しふつうよりは毛ばだったかんじの雌綱《めづな》、雄綱《おづな》という二筋の太綱の、どこをどうよったり、ねじったりしたか知らないが、大々《だいだい》と綱《つな》でつくり上げられたそのものが、道のまん中に路面とある角度をなしておかれている。

奉納の踊りをすませた、足袋はだし、揃いの浴衣姿の女人たちが、それをぎっしりと取りかこんで、その綱の穴の中に身のたけほどの丸い棒を突っ込もうという騒ぎである。男はこの棒にも綱にも一切手をふれることはできない。これは神聖な祭具なのである。

昂奮と熱気と活気と活力のうちに女人たちはその棒を穴に貫きとおす。貫通するとひきぬいて境内に走り込み、拝殿の入口に蒲葵扇を手に座している二人の司に捧げて祝福をうけてから、その棒をもった一人を中心に全員が雀躍《こおどり》し歓声をあげる。これをガーリという（我を張るいみだといわれる）。

それはたった数分間のことだったが私は毒気を抜かれてこの活気の群のなかにヘナヘナと押しまれていた。だが本当のところこれは面白い観物《みもの》だった。信仰にささえられ、神事という演劇に女性たちは残らず参加する。これを見ているだけでひよわい神経やすりへった感覚は弾《はじ》きとばされてしまう。

女人たちの我張り（石垣佳彦氏撮影）

「性」は信仰から芸術へ、芸術から退廃へ移行するという。大空の下のこのあけっぴろげの神事は古代さながらで、この神事のなかの「女《おんな》」、このふしぎな性のもつバイタリティには女の私さえ身体の心底《しんそこ》からゆすぶられる思いがした。

どんな予備知識もこの一見にはかなわなかった。まさかこれほどとは思わなかった。

何といっても人間界の代表選手は女性である。種を享《う》けて、新しい生命をその中に育むもの、それは女であり、女は地母霊の象徴である。

男はその女のセジを身につけることによってはじめてこの世に定着できる。ヲナリ神からものを授かったり、女装することによってそのセジを貰い、神の助力の道がひらかれるのである。

俵神輿の上の女性（石垣佳彦氏撮影）

『古事記』その他において女性の死因となるものは陰《ほと》を衝《つ》かれたり灼《や》かれたりすることだった。そうしてそこから常に局面が重大な展開をする。それらはすべて女性のなかにあるその力の裏返しの表現であろう。

そうしたこともこの祭典をみていると実感として迫ってくる。

このあとなお二〇〇メートルほど西よりの道路上で各字の代表を俵神輿の上にかつぎあげて走る行事や、東西両地区による大綱引きが行なわれた。俵神輿の上にかつぎ上げられるのも男性より、いくら年のいったおばあさんでも女性の方が色気があり、活気がみえて、格好がいいのもふしぎである。「女ならでは」の感がしきりにする。

豊年祭の期間を通して主だった司《つかさ》は蒲葵扇を手から離さず、また「我張《ガーリ》り」のときも蒲葵扇を手にしてはやし立てている女の人をいく人かみた。しかし昔はこれどころではなく、皆が蒲葵の葉を手にしたものだという。

豊年祭りに蒲葵はもっとも関係がふかい祭具であった。それは蒲葵が「種」をあらわす植物だったからであろう。

日本本土の年神の絵図にも扇を手にされたところがよく画かれる。その扇はまさに蒲葵と同じものだったろうと私は推測する。

おわりに

日本の祭りは何の祭りを問わず木を立てずに行なうものは一つもなく、これが民族の特色となっているといわれる。そのとおりである。しかしこれまで祭場に立てられる木は、神降臨の際の目印になるものとか、神の依り代である、と解釈されてきた。

その解釈は沖縄の神木蒲葵に関する通説に対してもった疑いと同じ疑いを私にいだかせる。古代人にとって蒲葵は神霊、すなわち神の種の象徴であった。蒲葵にはその神霊が憑依する。「神」と、ここに私のいう「神霊」は「人」と「人の種」が同一でないと同様に同一ではない。蒲葵に憑依した神霊は巫女を媒体としてその「木の本」の斎庭、女性の象徴「イビ」と交感する。そしてそこにはじめて神は巫女の中に顕現する。

本土の神木も元来はこの蒲葵と同様に考えられた。しかしこうした信仰は文字にうつされるはずはなく、秘儀として口から口へ伝承されて行くうちに儒教の道徳感や仏教の教義から異端、邪教としてしりぞけられるようになる。しかし神木に対する古代の信仰を実際にしりぞけたのは他ならぬ神を祀る人たち自身ではなかったろうか。祭場に木は変りなくたてられたが、その解釈はいつか体裁のいいものにおきかえられていったのである。

「扇」と「蒲葵」は表裏一体をなす。そしてその蒲葵にひそめられた秘密、それを解くことこそ古代人の心を解明する重要な手がかりとなるものだと私は信じる。

柳田先生は五十年前にすでに、「阿遅摩佐《あじまさ》の島」の中で、蒲葵が古代の謎をとくものの一つであることを示唆されている。同じ文の中で同時に先生は、石垣の巫女にこの木のことをといただしてみても蒲葵は喬木だから神がこれによって上り下りされる。また降臨に際して自ら蒲葵の木をたてられるという答えしか得られなかった、と言外に何か不満を洩らしておられる。先生はたしかに蒲葵にかくされている秘密を嗅ぎつけておられたにちがいない。

この試論はなお試論の段階にとどまっているものであるが、今後さらに沖縄と本土古社の神事との比較研究その他によってこの試論が次に来たるべきものの序説になることを念願し、併せてこの拙文をよんで下さった読者の皆様に感謝して、筆をおく。なおこの研究の過程において、私は沖縄および本土の先学、先輩の方々から一方ならずお世話になった。

沖縄本島では琉球大学の仲松弥秀教授、政府立博物館の上江洲均氏、宮古島では祥雲寺の岡本恵昭師、石垣島の喜舎場永珣先生、竹富島の上勢頭《かみせと》亨師、以上の方々からは数多くの御嶽を案内して頂き、貴重な資料や写真を頂戴した。また民俗学者、新垣孫一・源武雄両先生のご恩も忘れられない。

本土では教育大学の和歌森太郎教授、大阪教育大学の鳥越憲三郎教授、京都の中村清兄先生の御著述から多くを引用させて頂き、国立博物館、小松茂美博士、那智大社篠原四郎宮司、速玉大社上野元宮司、出雲神魂神社秋上武雄宮司、美保神社横山直材宮司、佐太神社朝山芳圀宮司、爾佐神社塩田延美宮司、名古屋のまつり同好会田中義広会長からは多くの資料を提供していただいた。

大嘗祭の権威田中初夫博士は浅学の私に百子帳の出典その他を懇切ていねいにご教示下さり、冒頭にのべたように田中良先生は貴重な時間をさいて舞踊と扇の関係をときあかして下さった。ここに取り集めて以上の方々に心から御礼を申し上げる。

また無名の素人の著作の出版を申し出て下さった学生社の鶴岡阷巳社長の御好意、不備な原稿の編集にあたられた同社の大津輝男氏のご尽力にたいしても深謝する次第である。

私の歩んだ道――『扇』再刊によせて――

はじめに

此度、人文書院から刊行されることになったこの『扇』は、昭和四十五年一月、今から約十五年前に上梓の同名の書の復刊である。

この『扇』は、私の最初の著作で、そのため、到る処に未熟、不手際が目立つが、それにもかかわらず、当時この本を手にされた読者の間では幸い好評で、日本の民俗学にひとつの新しい視点を提供したものとして評価されたのである。

しかしこのように世の多くの読者の共感を得、また著者としても一通りではない愛着を覚えるこの本の運命は意外にきびしく、ある事情のため長年の間、絶版になるという悲運に遇《あ》っていた。従ってこの本の復刊は私の年来の願いであったが、此度それがかなえられることになったわけである。

最初の著作の中には、それ以後のものの萌芽のすべてが見られる、というが、その意味でこの『扇』は私のいわば原点である。それが長い間、読者の目に自由に触れる機会が無かったわけで、それは著者としてまことに辛いことであった。今その自由が再び戻って来て、『扇』は此処にまた陽の目を見ることになった。時節の到来を只有難いと思うばかりである。

この『扇』をもとに、この中のテーマをいくつかの方面に展開して、私はそれ以後の著述をつづけて来た。この原点をどこまでも大切に思うので、此度の再刊に当たっても、原著の一字一句の増減も、加筆訂正の如き文の変改も一切行なわず、初版そのままの姿で上梓することにした。

今日でこそ「性」の問題は当り前のこととして民俗学の書物の何処でも取上げられている。しかしこの本が上梓された十五年前は、今と全く事情はちがっていて、日本民俗学、取分け、柳田民俗学において性はタブーであった。これは決してうそではない。私はそれをある先学から直接この耳できき、警告さえうけたものである。しかし私は納得が行かず、この書の中で終始、性と取組んだ。こういうことが出来たのは要するに私が全くの素人だったからである。当時、祭りの中に頻出する性は、稲の実りを促す類感呪術として捉えられ、その限りにおいて辛うじて性を扱うことは許されていた。

私はそれと異なり、性こそ日本の祭りの中枢に据えられるべきものとの見解をとりつづけたのである。

つまり私見によれば、古代日本人における神の顕現とは、人の生誕と同一原理によるもので、必然的に「性」は祭りの中枢に来る。それは従来の神霊降臨という抽象的な神顕現の考え方に相対するのである。更に性を中枢とする祭りは、結局、蛇信仰に由来する、との考えから、以後、私の関心は日本の蛇信仰に向かった。

ついで六世紀以降、中国の思想哲学が盛んに摂《と》り入れられるに及んで、一種の宗教革命が行なわれたということに気づき、陰陽五行と日本の祭りの関係探究の結果、それからは蛇信仰と陰陽五行とを研究方法の二本の柱として来た。その経緯は、民俗学に志して以来の私の歩んだ道でもあって、次の一文はその道程のあらましである。ご一読頂ければ幸いと思う。

遅い出発

民俗学に私が志したのは昭和四十二年の夏、五十歳の時であった。正に六十の手習い、普通のコースを辿る場合とは二十五年から三十年の距たりがあって、文字通り、「遅い出発」である。

しかし、遅い出発、必ずしも遅いとは限らない。思い立ったが吉日である。一概にいえることではないが、遅い出発には、その出遅れをカバーする何かが必ずあって、遅速はさほど重大な問題ではないような気がする。私の場合、この出遅れを補ってくれたものは、一にも二にも「出会い」である。この出会いは研究途上と、その前段階でのものとがあるが、そのほとんどは今になって私にとってのその意義が漸く思い知らされるものばかりである。なおこの出会いについては、『扇』本文と重複する処も多々あるが、記述の都合上お許し頂きたい。

扇との出会い

民俗学に入った動機は「扇」である。これも高年になって習いはじめた日本舞踊の中で、扇が有形無形のありとあらゆるもの、つまり森羅万象を表現する手段とされていることにまず驚かされた。

それから気がついてみると身の廻り到る処で、扇は使われている。この扇の起源は一体、何なのか。

芸能の源泉は神事である。扇は日本の神事の中に頻りに顔を出す。神事における扇をみることが起源を探る上の重要なポイントであろう。そこで昭和四十三年の一年間は、扇が主役を演ずる神事や祭りを見、また扇をご神体、あるいは神紋とする神社を訪ねることにあけくれたが、これらの旅は、北は山形県から、南は復帰以前の沖縄に及んだ。

蒲葵との出会い

こうした旅の中で気がついたことがある。それは出雲の美保神社の祭りに必要不可欠の神扇が、蒲葵の葉の形をしていること、また同じく出雲の佐太神社をはじめとする古社の神紋に扇が多く、その扇幣もやはり蒲葵の葉を象《かたど》っている、この蒲葵の葉こそ日本の扇の祖ではなかろうか、ということである。

蒲葵は亜熱帯の植物で、古和名を檳榔《あじまさ》、学名を「びろう」、沖縄名を「クバ」という。本土では入手し難いので、檜の蒲片や紙でこれを模倣したものが、檜扇、紙扇の元祖ではなかろうか。それならば何故、この葉がこれほど重要だったのだろうか。

私にとって昭和四十三年六月二十六日は忘れ得ない日である。この日、蒲葵の群落で名高い宮崎県の青島の浜辺で蒲葵を見た時、全く突然にその幹から男根を連想したからである。この連想から発展したものが次の仮説である。「蒲葵は古代人によって神の男根、或いは祖神《おやがみ》としての蛇に見立てられ、そのために神聖視された。しかし幹は祭場が移動する際、持ち運ぶことが出来ないから、人はその葉を折り取って幹の代りとしたから蒲葵葉は祭事に不可欠の祭具となった」というのである。

この亜熱帯の植物、蒲葵との出会いこそ、私の原点中の原点である。日本の祭りにおける蒲葵、祖神としての蛇に見立てられた蒲葵については、『扇』につぐ『祭の原理』其他の著作の中で考察しているが、それ以後、この蒲葵について知り得たことの中で、もっとも深い感銘を受けた点を、朝日新聞文化欄（一九七九年十二月十八日）に、「蒲葵の話」として発表したことがある。これは私の仮説にとって一つの裏付けとなるような重要な事実であるが、その要旨は次の通りである。

「一九七九年秋、奈良正倉院御物展で「檳榔木画箱《びんろうもくがのはこ》」が公開された。それは素材はヒノキで、外面は斜格子に分割され、その菱型の各格子内には檳榔、黄楊《つげ》、紫檀《したん》、桑の薄板が交互に貼られて、モザイクになっている。それを見ると、檳榔即ち蒲葵の幹の内部には斑紋があることがハッキリと判る。私は直ちに沖縄竹富島に渡り、喜宝院資料館に上勢頭亨氏を訪れた。蒲葵は聖樹で製材所などに行っても、まず見られないからである。ここで思いがけず上勢頭先生の格別のご好意で、同館所蔵の蒲葵の六尺棒（往時、貢米未納者処罰用）の先端を三センチほど、切って頂くことが出来た。

その結果、驚いたことに蒲葵の幹の芯には年輪というものがなく、黒く細い筋が沢山、縞目をなして通っていることであった。そのため、これを直角に断てば胡麻のような斑点が一杯出るし、やや斜めに切れば御物《ぎょぶつ》のそれに見られるように胡麻粒より多少長めの斑紋が無数に出てくるわけ

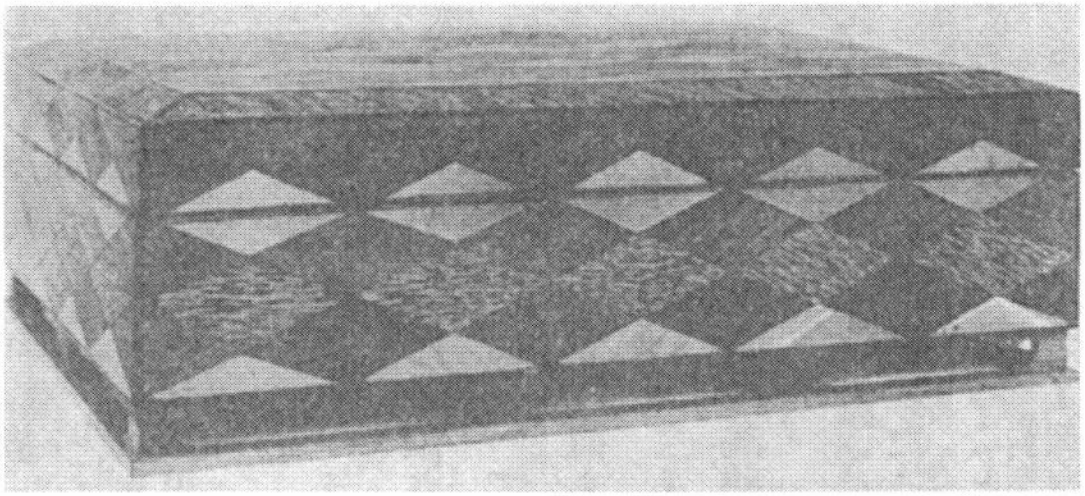

上　檳榔木画箱（正倉院宝物）
右　同じくその蓋表の菱形紋

である。爬虫類研究所高田栄一所長のご鑑定によれば、「台湾臭蛇《しゅうだ》」「台湾筋尾《すじお》」「百歩蛇《ひゃっぽだ》」「ハブ」「マムシ」等の蛇の表皮の一部に、このような斑紋がみられるとのことである。

蒲葵の幹は、その外見ばかりでなく、その内側に蔵された斑紋もまた蛇に相似であって、そのために古代人によって、祖先の神としての蛇に見立てられたに相違ないのである。

次にこのモザイクは鮮やかな菱型紋を形成しているが、蛇、取分け、毒蛇には菱型紋を有するものが多く、蛇と菱型紋との関係度はまことに高い。またやや隆起する蛇の背の菱型紋は、これを側面から捉えれば三角連続紋、またはウロコ紋となり、それらの源もこの菱型紋にある。装飾古墳内にみられる三角連続紋もこの蛇の象徴として捉えられる（拙著『蛇』本全集第四巻所収参照）。

ところで、蛇と菱型紋の関係に一致して、蒲葵と菱型紋の関係もまた密である。修験道必須の祭具としての蒲葵扇、「志貴山縁起」「病草紙」などに描かれている蒲葵扇もすべて菱型だからである。

—蛇と菱型—

—蛇と蒲葵—

こうして蛇を媒体として結びつく蒲葵と菱型の関係が、菱型の蒲葵扇となり、この御物にみられるような蒲葵の薄板による菱型のデザインを生み出して行くので、それらは唐突に現われたものではなかろう。

小箱のデザインの中で、重要な箱蓋《はこふた》の面取りが蒲葵によって占められていること、またこの箱の名称から推して考えても、この箱の主役は蒲葵である。

蒲葵の芯（斑紋がみえる）

恐らく昔の日本人は祖神としての蛇、及び無類の強さをもつ毒蛇を象徴する呪物として、菱型の蒲葵扇、菱型文様の小箱などを造り出し、それを信仰の対象、護身用の呪物として身近においたものと推測される。」

沖縄との出会い

話は再び十五年前に戻る。先述の蒲葵についての仮説、あるいは最初の直感の適否を私は沖縄へ行って確かめたかった。

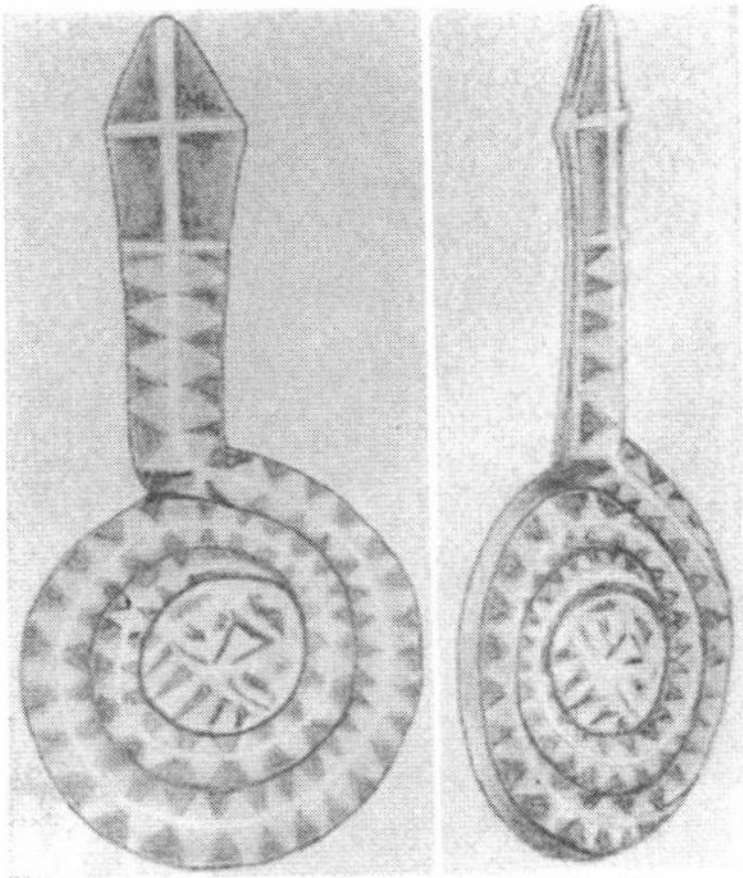

台湾・バイワン族の「針みがき」に彫られた蛇の紋様。渦の中にみえるのは祖先神の顔（著者所蔵）

昭和四十三年九月、私は沖縄にとび、その日のうちに古老新垣孫一翁を訪ね、来意を告げると先生は私の仮説を否定されるどころか、何か心中深く思い当たられる様子で直ちに本土の伊勢神宮に相当する聖所、斎場《さいは》御嶽《うたき》に私を案内された。斎場御嶽はその構造そのものが非常に性的なものとして私の目に映った。御嶽の最奥、山庫理《さんこうり》は見事な三角形の割れ目をもつ巨岩を入口とし、その内側は小円形の白砂の平場となっている。恐らくここが生まれ出る神のための擬似母胎と見做されたと思われる。先生によればこの山庫理の円形の白砂の西寄隅に蒲葵《くば》下大神《もとおおかみ》が祀られていたということである。

この山庫理の東の隅に「お通し」という遥拝所があり、真東の海上遠く久高島が望まれる。久高島の蒲葵《くぼう》御嶽《うたき》は神が最初に天降りされたと伝えられ、斎場御嶽の神聖性も、この久高島を真東に望む位置による処が多いと私は推理する。

私見古代信仰形態——巫女の一人三役

新垣先生の肯定を得て私は蒲葵に関わる仮説を次のように展開した。

蒲葵が古代人によって神の男根、または祖神の蛇に見立てられたならば、それに配されるものは当然、女。それも神と交わり得る神聖成女、巫女でなければならない。

御嶽の聖所は先述のように山または森の中に円形に切りひらかれた白砂の平地である。これがイビであるが、このイビの中にはかつては必ず蒲葵があった。神の男根としての蒲葵に見合う女陰の造型、それがイビであり、御嶽は神木蒲葵とイビとから成立っていたと私は思う。このイビに霊力を付与し、活性化させるものが正真正銘の陰《ほと》の所有者、巫女であって、巫女は男性原理に立つ神木蒲葵に対置される存在なのである。

御嶽の祭りにおいて蒲葵は神の陽物、巫女は人間界の代表する陰物として、陰陽交合を互いに分掌し、同質同量の霊性を認められていた。従って巫女を措いて南島の祭りはなく、巫女を語るとき、神木蒲葵を抜きにすることは出来ないのである。

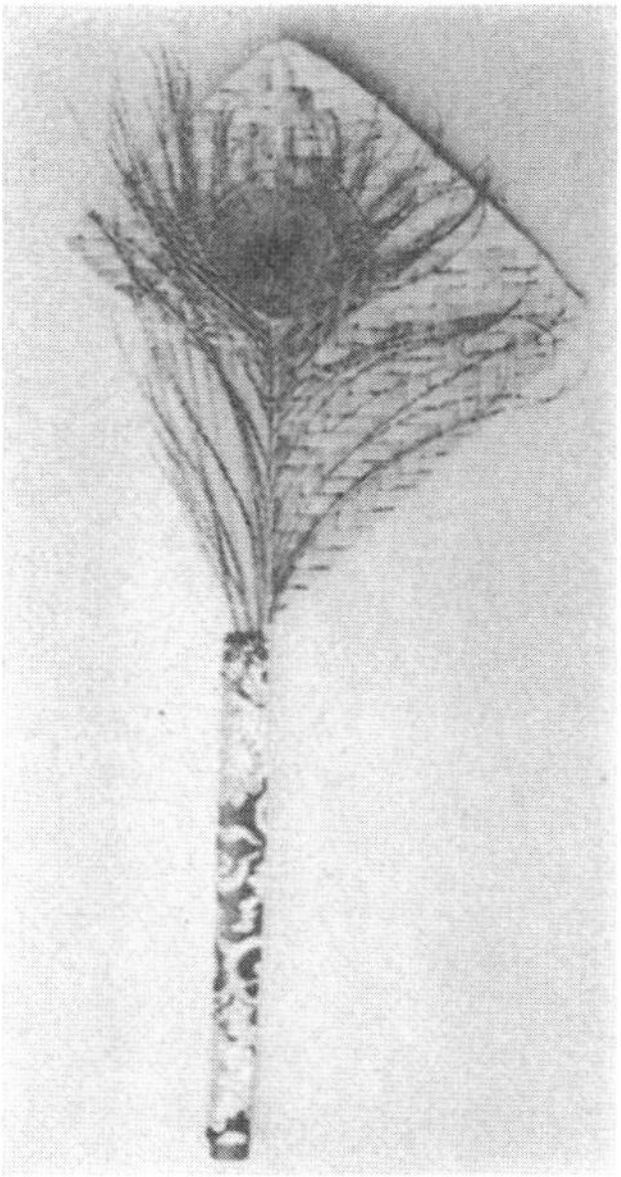
修験道蒲葵扇

蒲葵との出会いを出発点として私の仮説は次のように展開した。

巫女は一人三役、つまり祖神と交わり、神を妊り、最終段階では自ら神として「巣出る《すで》」「生れる」、のである。日本の神祭に不可欠の「こもり」を「妊り《みごも》」と私が解するのはこの理由からである。

沖縄最高女神官、聞得大君《きこえおおきみ》の即位式は先述の斎場御嶽で挙行されたが、即位式とは、神としてスデル、生まれ出る儀式である。その生まれ出る前段階として神との交合、妊り、を象徴するものが斎場御嶽における聞得大君の「こもり」である。重要なことはこの最高巫女がこもられる仮屋の一切が、蒲葵の幹と葉で作られていたことであるが、その名残りは今もイザイホウその他、沖縄の祭りにみられるのである。

神祭の第一段階における蒲葵の登場は、沖縄に限ったわけではなく、本土においてもかつて天皇即位式の践祚大嘗祭において、「御禊《みそぎ》の儀」の名の下に、その最初の段階にこの蒲葵の登場があった。

大嘗祭に先立って皇居から東の河原に行幸があって御禊の儀が行なわれたのであるが、その際、新天皇御一人がこもられる仮屋は、この蒲葵の葉で葺かれたのである。この蒲葵屋の向きは斎場御嶽の神聖方位と同様、真東であった。

聞得大君が即位式に際して蒲葵屋に一夜《ひとよ》こもられると同様に、蒲葵の頓宮《かりみや》に一時《ひととき》を過ごされる天皇の「性」は女性であり、東から来る祖神と交わって神を妊り、最終段階において神として「み生《あ》れ」するのがその本義であった。以上が「扇」と「蒲葵」との出会いから導き出された私の日本の祭りの原理、および巫女の本質に関わる仮説である。

この仮説は最初の作、『扇』（昭和四十五年学生社刊）にまとめられ、同様の主題で『祭りの原理』（昭和四十七年慶友社刊行）、『日本古代呪術』（昭和四十九年大和書房刊）となった。

蒲葵は祖先神蛇の象徴なので、研究の対象は蛇信仰となり、『蛇』（昭和五十四年法政大学出版局刊）『日本人の死生観』（昭和五十七年講談社刊）は、その所産である。

東西軸との出会い

世界各民族の蛇信仰は、つねに太陽信仰と結びついている。その理由はいくつも挙げられるが、一番に考えられるのは蛇の目にはマブタがなく、その結果、マバタキをしない蛇の目は光りの源泉として捉えられることである。光りの源泉ということになれば、この点で蛇と太陽は容易に一致するが、現に日本古典その他において著名な蛇神のすべては、光り輝く存在として描写されている。太陽の昇る東は神界、対する西は人間界であるから、太陽即蛇であるならば、その神聖軸は当然、東西軸となる。

既述のように沖縄の御嶽の神聖方位は東、御禊《みそぎ》の儀式軸も東西軸であり、扇に関係の深い出雲、紀州の古社の神座の向きも東、または西である。山中のこもりを終えて神として生まれ出る沖縄巫女は、西行して人里に降り、東を背に西向の位置で村人の捧げる供饌を受けるのである。東西軸こそ日本古代信仰の原点に在り、信仰形態のきめてになるものと私は確信していた。

南北軸との出会い

伊勢神宮は至高至上の太陽神、天照大神を祀る社である。その神座も当然、東面、或いは西面のはずである。ところが何気なしに例の通り、昭和四十六年四月、磁石を当ててみると神は正《まさ》しく北に座して南面しておられるのである。東西軸一本槍で日本の祭りの原理、形態を組み立ててきた私にとって、これはショックであった。何故、太陽神としての祖先神が南北軸上に祀られておられるのだろうか。当時、考えに考えぬいたことを思い出す。

その時、記憶の底から浮かび上って来たものがある。それは昭和四十三年、扇が主役となる祭りを追う一連の旅の中で出会った「太一」である。つまり伊勢神宮別宮の伊雑宮の六月二十四日斎行のお田植神事で、神田の西の畔に立てられる扇形の大翳《おおさしは》に、墨色も鮮かに大書された「太一」である（本文一六六頁写真参照）。

「太一」とはたしか中国の神様である。それがどうして処もあろうに伊勢神宮の別宮の神事に顔を見せるのか。それは何としても腑に落ちない謎だったが、当時、私の関心は扇にあったので、そのまま忘れていた。しかし太一が墨書された大翳を伊勢の神事の中で確かにこの目で見ていたことは思いがけない幸せであった。南北軸の謎にぶつかった今、それを解くものはこの「太一」ではなかろうか。

三年前にこの目で実見したお田植神事における太一の大翳を思い出してみると、神事の後、これは神田の中心に向かってひき倒される。神田に倒された太一の扇は、近郷の青年たちによって争って奪いとられ、ズタズタにされるが、その断片はお神符《ふだ》として持ち帰られ、神棚に供えられるという。つまりこの太一の大扇は、皇大神宮の祭神、天照大神を表わしているからこそ、ご神体として受け取られ、断片に至るまでご利益《りやく》があると信じられているわけであって、要するに天照大神すなわち太一なのである。

それから以後、私の「太一」の勉強がはじまる。飯島忠夫博士をはじめ諸先学の御著作を手はじめに、『史記』天官書、『淮南子《えなんじ》』の原典に当り、「太一」について知り得たことは次の通りである。

「古代中国哲学は、その天文学と深くむすびついている。それによれば天は五つの部分に分けられ、北極星を中心とする部分が天の中心と考えられ、ここを中宮とよんだ。中宮は北極星およびその周囲にある星座から成立する。北極星の神霊化が最高の天神「太一」であって、その「太一」の居所は北極中枢付近のもっとも明るい星である。その近くに太子・后の星があり、この天帝一家の一団を紫微垣と名づけている。太子に接して北斗七星があり、北極星および北斗七星を総称して北辰というが、北辰は北極星だけを指すこともある。

北極星は動かない星である。この不動の北極星、つまり「太一」に対し、その周りを一年の周期で廻る北斗七星は、当然、動く星として意識され、この動かぬ星と動く星の歓声は、天帝とその乗車として捉えられる。更に天帝「太一」に対する北斗の役目は、車だけでなく、その強力な援護者として「太一」と相即不離の関係にある。」

飯島博士は太一について更に具体的に論じられているが以下はその御著の諸処からの引用である。

「太一は宇宙原初の混沌として絶対なる一物を指し、易にいう太極である。易に太極が分れて陰陽となったというのは、太一が天と地に分れたことを指す。天地は一の絶対性をもつから、天神を天一、地神を地一とするが、それは結局宇宙の絶対者太一に帰一する。この太一、天一、地一は日本神話における天御中主神、高皇産霊神、神皇産霊神に対比する。神世七代の陰陽神も北斗七星の雌雄神に対応するもので、日本神話は易経や淮南子の影響を多分に受けている。」一九三〇年代にこのような説を述べられた先生の先見と洞察と勇気は感嘆のほかはなく、その学恩は筆舌につくされない。ただ博士の比定はここに終わり、その結論は、

「中国思想の渡来後、日本でも北辰の崇拝がおこり、北極星の神霊化、太一は天御中主神に習合されている。しかし北辰信仰は日神崇拝に代るほどの力はなく、習合はそこで終る。」

とされる。しかし私はこの結論に多少の異議がある。

つまり問題は「天皇」の呼称である。天皇大帝は太一と同様、北極星の神霊化とされるが大和の首長は自らそれを名乗った。それは推古朝と推測されるが、日本民族にはバランス感覚が著しい。現身《うつしみ》の首長が宇宙神にまで高められた以上、幽顕両界のバランスからいっても皇祖神をそれと同種同格の宇宙神にいつかは昇格しなければならないという意識は当事者たちの間には当初からあったはずである。

そこで日本神話においてすでに天御中主神に習合ずみの太一は、伊勢神宮において再度天照大神に習合されるのである。

同時に太一の乗車として相即不離の関係にある北斗七星は外宮の豊受大神に習合された。しかし日神に星神というこの習合は理に合わず、国情にもそぐわないため、太一は内宮の秘神としてその存在は一切表面から出ることはなかったわけである。

この習合はあらゆる点から考えて天武朝と私は推測する。天武天皇と伊勢神宮の関係は深く、正史の簡潔な記事からも天皇が手厚く神宮を奉斎されていたことは十分にうかがわれる。一方、中国

天文思想に拠る陰陽五行盛行の諸相もこの時代に集中してみられ、日本最初の占星台の建設も天武四年（六七五）であった。天皇はこれによって中国天文書の内容を天空に即して自身の目で確かめられ、その哲学・神話を実践応用して、太一、北斗七星をそれぞれ内宮・外宮に習合されたが、私見によればそれは日本古代における画期的な宗教改革であった。

内宮の秘神が北極星の神霊であるならば、神座がこの星の下に設けられるのは当然であろう。神は北を背に南面され、ここに南北軸が形成されるわけである。

南面する神座と御田植神事の大翳に発した疑問は、伊勢神宮内外両宮の祭神に習合された太一と北斗をテーマとする論考、「伊勢神宮考」となり、これは昭和四十九年十二月刊の『民族学研究』第三十九巻第三号に収録されたが、ひきつづき第四十巻第一号、第四十一巻第一号にこの続編二篇も収められることになった。

続篇のテーマは、北斗にならんで祀られる南斗、及びユキ・スキの名称の推理である。

昭和五十二年三月、これら一連の研究をまとめた論文、『陰陽五行思想からみた日本の祭』によって、東京教育大学文学部から学位を授与されることになったが、それは民俗学を志して十年目、その当初には予想もしないことだった。

この論文制作の過程で気付いたのは、陰陽五行が日本の多くの民俗に深く関わっている事実であった。この両者の関係を約七十例によって考察したのが、昨年（昭和五十八年六月）上梓の『陰陽五行と日本の民俗』（人文書院刊）である。立論の拠り処となっている中国古典は、前著と同様、『易』『史記』『淮南子《えなんじ》』『五行大義《ごぎょうだいぎ》』などであるが、晩学の私がこのような書物に親しめた理由は後述させていただく。

この二著によって日本の代表的な祭りと民俗における陰陽五行を概観し得たように思うが、この両者の間に六年もの距りがあるのは、この間に第一作の『扇』に発した蛇信仰の体系化を意図した『蛇』（法政大学出版局刊）『日本人の死生観』（講談社現代新書）、及び『狐』（法政大学出版局刊）などの著述に取りかかっていたためである。

私見によれば、日本の主要信仰軸、東西軸は太陽・蛇信仰に、南北軸は陰陽五行にもとづくものであるが、そのように考える以上、私の場合、そのどちらか一つに専念することは出来ないのである。

研究前段階の出会い

私が中国古典に馴染み得た理由は三つ挙げられるように思う。その一つは「気学」との出会いである。

終戦後、種々の事情で無一物となった時、開運には気学をするようにと人から言われ、田中胎東門下の島碧堂先生に教えを乞うた。その気学では聴講のほかに、自身の生れ星を祐《たす》ける方位に、月毎に出かけて行くという実践が課せられていた。その時、陰陽五行では八方位はこの世における森羅万象を象徴するものとされ、それぞれに意味が付与されていること、木火土金水の五気は互いに相生《そうじょう》・相剋《そうこく》して輪廻するが、それにつれて各個人にも祐剋《ゆうこく》の作用が方位によってもたらされること、時間空間は相即不離であること、などを知ったのである。その結果、方位に無関心でおられず、旅には常に磁石を携行した。民俗学に入った時もこの習慣はそのまま持ち越され、「扇」の起源をたずねての旅にも、沖縄への渡航にも磁石はいつも手許にあった。祭りの軸、信仰軸が東西線上にあることに気づいたのも、何かといえば神座の向き、神去来の方向が気にかかって、磁石で方角をはかっていたからである。また伊勢神宮の南北軸にショックをうけたのもこのような背景の結果であり、伊勢神宮における中国の天神、「太一」の登場をいぶかしく思ったのも気学のお蔭であった。

第二に挙げたいのは学校と、そこにおける諸先生との出会いである。

私が女子学習院に入学したのは大正十一年だったが、当時この学校は大島義脩院長の構想による特異な学制を持ち、一般の小六・中五の学制に対し、同じその十一年間を前期・中期・後期の四・四・三に分けてこれを本科とし、その上に高等科の二がつく、というものであった。

漢文は本科後期の一年、今でいえば中三ではじまり、教科書は、『十八史畧』『唐詩選』『大日本史』などの中からの古今の名詩名文の選集だから面白かったはずなのに、今も記憶に残るのは、『楓橋夜泊』ほか、数えるばかりである。

この女子学習院時代、何といっても忘れ難いのは、高等科での塩谷温先生との出会いである。規模の小さい学校だったから教課間の連絡がよくとれていて、高等科（現在の高三・大一）に入って、国文で源氏物語の講義が一方ではじまると、その桐壺巻に関連して、すぐ他方、漢文の時間には塩谷先生から長恨歌の話が伺えるという風であった。この老大先生が、目を半眼に閉じて、指で拍子を取りながら思いをこめて誦まれる長恨歌。そこには、はじめて帝王の恩沢をうける楊貴妃の情景が纏綿としてくりひろげられ、艶やかな漢詩の世界にひき込まれて、教室中が静まり返ったことを思い出す。先生のお蔭で平安女性の教養の基盤をなしているもののいく分かを私どもも享受し得たのであった。

卒業後、私は東京文理科大学国文科に聴講生として一年通学したが、ここでは幸運にも諸橋轍次先生の『近思録』のお講義を拝聴することが出来た。宋学の傾向、『太極図説』についての御講義など、此度の研究途上、記憶の底から浮かび上がり、時を経て先生の学恩に改めて浸ることになったわけである。

第三の出会いとして、最後に亡父について一言ふれさせていただきたい。父は内務省の役人から後に国会議員になったが、終生、漢学に没頭し、主著に『政教よりみたる論語』（早稲田大学出版部刊）、ほかに『万世の師、孔子』『唐の魏徴』などがある。孔夫子にならってか、最終的には『易』を最も好み、安岡正篤氏の金雞学院にも度々、出講していたように思う。「剥の卦」の講義の際、伴われて父の話をきいた記憶がある。その内容はすべて忘れたが、何故、父がこの卦を好んだか、その理由が今頃になって判り、その心情を思うとなつかしさが胸にこみ上げてくる。

おわりに

私の背後にあるものは、研究途上における様々の出会い、また、その前段での気学との出会い、はるか昔の母校でうけた教育、そこでの諸先生との出会い、生家の雰囲気、等々、が一かたまりになった混沌である。

過去が現在をつくるものであるように、現在が過去をつくるものであるとすれば、この混沌は今やその存在価値を益々高めて私の支えとなり、明日を拓く力の源泉として、むしろ眼前に在るようにさえ思われる。

私にとって書き記すべき出会いはまだこのほかに数多くある。私の過去はすべてが研究に直接間接に結びつく出会いの連続だった。そうした出会いを重ねて今日に至ったことを今、心から幸せと思う。遅い出発、必ずしも遅くはなかったのである。

（本章の「遅い出発」以下は、『国語通信』第十号〔筑摩書房昭和五十八年十月刊〕所収、同題のものの転載である。）

＊＊＊

なお、この再刊に当たって巻頭に学習院大学教授、加藤泰義先生の序文[1]を頂戴し得たことはまことに身にあまる幸せである。先生は私の仕事の推移を、初版の『扇』以来、注目しつづけて下さっていたが、私はそのことを久しく知らなかった。哲学ご専攻の先生の深く広い視野、視点から、私のして来たことの位置づけをしていただいたこと、それは文字通り、筆にも言葉にもつくすことの出来ない至上のよろこびである。このご好誼に対し、ここにあつく御礼申上げる。

また、この本の復刊に踏み切られた人文書院、及びそのために多くの時間と労力を割かれた編集の谷誠二氏に取集め心から御礼申上げる次第である。

昭和五十九年一月四日

吉野裕子

(1)〔編集部注〕本書未収録。

著者略歴

吉野裕子（よしの・ひろこ）
一九一六年東京に生まれる
一九三四年女子学習院、一九五四年津田塾大学、各卒。一九七五―八七年学習院女子短期大学講師。
一九七七年三月『陰陽五行思想からみた日本の祭』によって東京教育大学から文学博士の学位を授与される。
二〇〇八年没。

著　書

『扇―性と古代信仰』（初刊一九七〇年、再刊一九八四年、新版二〇二一年、人文書院）
『祭の原理』（慶友社、一九七二年）
『日本古代呪術』（大和書房、一九七四年）
『隠された神々』（初刊一九七五年、再刊一九九二年、人文書院）
『陰陽五行思想からみた日本の祭』（初刊一九七八年、再刊二〇〇〇年、人文書院）
『蛇』（法政大学出版局、一九七九年）
『狐』（法政大学出版局、一九八〇年）
『日本の死生観』（初刊一九八二年、再刊一九九五年、人文書院）
『陰陽五行と日本の民俗』（初刊一九八三年、新版二〇二一年、人文書院）
『易と日本の祭祀』（人文書院、一九八四年）
『陰陽五行と童児祭祀』（人文書院、一九八六年）
『大嘗祭』（弘文堂、一九八七年）
『持統天皇』（人文書院、一九八七年）
『山の神』（人文書院、一九八九年）
『神々の誕生』（岩波書店、一九九〇年）
『五行循環』（人文書院、一九九二年）
『十二支』（人文書院、一九九四年）
『だるまの民俗学』（岩波書店、一九九五年）
『陰陽五行と日本の天皇』（人文書院、一九九八年）
『易・五行と源氏の世界』（人文書院、二〇〇〇年）
『古代日本の女性天皇』（人文書院、二〇〇五年）
『吉野裕子全集』全12巻（人文書院、二〇〇七～二〇〇八年）

ISBN 978-4-409-54086-2　C1039

扇―性と古代信仰　新版

二〇二一年五月一〇日　初版第一刷印刷
二〇二一年五月二〇日　初版第一刷発行

著　者　吉野裕子
発行者　渡辺博史
発行所　人文書院
〒六一二-八四四七　京都市伏見区竹田西内畑町九
電話（〇七五）六〇三―一三四四
振替〇一〇〇〇―八―一一〇三
印刷製本　株式会社冨山房インターナショナル
装幀　上野かおる

落丁、乱丁は送料小社負担にてお取替えいたします